LECTURA eficaz
Juegos de lectura
186

Rumbo a la Tierra

Bruño

Para ti

Presta atención a la explicación de tu profesor o profesora. Después, contesta verdadero (V) o falso (F) a cada una de estas afirmaciones:

	V	F
Al hacer los juegos de lectura, pongo la máxima atención.		
Las soluciones las escribo con lapicero, para poder borrar si me equivoco.		
Realizo los juegos aunque no los entienda.		
Los capítulos del libro los leo siempre en voz alta.		
No necesito estar atento para hacer los juegos de lectura.		
Los juegos de lectura nunca se corrigen.		
Antes de realizar un juego, me aseguro de cómo se hace.		
Escribo las soluciones con bolígrafo. Nunca necesito borrar las respuestas.		
Leo los capítulos del libro en silencio.		

A ver si adivinas...

¿En qué te ayuda a mejorar cada juego? Relaciona con flechas.

Atención •	• A comprender todo tipo de textos.
Vocabulario •	• A no distraerte cuando lees.
Sintaxis •	• A acordarte de todo.
Memoria •	• A conocer el significado de las palabras.
Comprensión •	• A emplear bien el lenguaje.
Habilidad visual •	• A leer con menos esfuerzo.

Antes de leer

Rumbo a la Tierra es la segunda parte de otro libro, *Aventura Espacial.* Si no lo has leído, seguro que después de disfrutar de este te animarás a hacerlo.

Los habitantes de la estación espacial La Salvación regresan a la Tierra, después de su «aventura espacial», al conocer que no ha sido destruida por un meteorito gigante.

Los tres protagonistas quedan desencantados con lo que se encuentran al llegar a nuestro planeta. Para que te hagas una idea de lo que pasa, descubre los mensajes de estos tres textos.

.adiurtsed átse arreiT al ed datim aL	Un muro infranqueable divide el mundo en dos partes.	Los chicos tratan de descubrir qué ha pasado en realidad.

Además, con las actividades de este cuaderno mejorarás tu lectura y serás más rápido buscando textos. También comprenderás mejor lo que lees y serás capaz de plantear tus estrategias para resolver los juegos que te proponemos.

Anímate y comparte con Saturno y sus amigos la aventura de su «Regreso a la Tierra». ¡Estamos seguros de que te encantará!

Capítulo 1

Rumbo a un nuevo hogar

Señala la respuesta correcta:

1. ¿En qué año comienza la narración?
   a. 2017.
   b. 2107.
   c. No se sabe.
2. El nombre del protagonista es...
   a. Salvador.
   b. Saturnino.
   c. Saturno.
3. ¿A qué velocidad viaja la luz?
   a. 300 000 km por hora.
   b. 300.000 km por segundo.
   c. A una velocidad supersónica.
4. ¿Cómo se llama la estación espacial de la que parten?
   a. La Salvación.
   b. La Salustiana.
   c. Nautilus-C.
5. Para el viaje tenían que pasar una fase de...
   a. descanso.
   b. reflexión.
   c. hibernación.
6. Irache era una niña que resultaba...
   a. lista y aplicada.
   b. sabionda y parlanchina.
   c. muy popular.
7. Durante la hibernación se alimentarían de...
   a. suero fisiológico.
   b. pastillas alimenticias.
   c. oxígeno nutritivo.
8. ¿Para qué tenían que hacer un vídeo?
   a. Para darse a conocer en la Tierra.
   b. Para ser famosos.
   c. Por si ocurría un accidente.
9. Lo que más deseaba el protagonista era...
   a. descubrir los bosques y animales.
   b. pisar la Tierra por primera vez.
   c. visitar a sus abuelos en la Tierra.
10. Al niño, los 3 meses de hibernación le parecieron...
    a. una eternidad.
    b. unas horas.
    c. unos segundos.
11. ¿Cómo se desplazaba Irache?
    a. En una silla voladora.
    b. En una silla aerostática.
    c. En un aerotransbordador.
12. El tercer joven protagonista se llama...
    a. Lorenzo.
    b. Molesto.
    c. Modesto.
13. ¿Cómo fueron recibidos a su llegada?
    a. Como unos héroes.
    b. Como unos famosos.
    c. Como unos extraterrestres.
14. ¿Por qué costaba más trabajo respirar en la Tierra?
    a. Por la contaminación.
    b. Porque el aire tenía menos oxígeno.
    c. Porque no estaban acostumbrados.
15. ¿Qué fue lo más impactante que ocurrió a su llegada?
    a. Una gran fiesta.
    b. Un gran recibimiento.
    c. Una gran explosión.
16. Eli Peral es...
    a. la regidora de la Capital Federal.
    b. la alcaldesa de la Capital Federal.
    c. la Presidenta del país.
17. ¿Cómo llaman a los policías en la Capital?
    a. Agentes.
    b. Polizones.
    c. Guardianes.
18. ¿Dónde fueron alojados?
    a. En el Complejo del Palmeral.
    b. En un lujoso hotel.
    c. En una mansión.
19. ¿Quién se encarga del servicio de la casa?
    a. Un robot.
    b. Un ordenador.
    c. Un mayordomo
20. A Saturno, su habitación le pareció...
    a. demasiado incómoda.
    b. pequeña.
    c. grande.

Deduce el significado

Busca cada palabra en la página del libro que se indica e intenta averiguar lo que significa. Escribe el número correspondiente junto a su significado.

1. Boquear (página 10)	☐	Duro y tenaz.
2. Hibernar (página 11)	☐	Ceder, rendirse, someterse, morir.
3. Irónico (página 11)	☐	Estado corporal semejante al sueño en el que se suspenden las funciones vitales.
4. Parlanchín (página 12)	☐	Con una especie de niebla.
5. Pedante (página 12)	☐	Con gran afecto.
6. Sucumbir (página 14)	☐	Burla fina y disimulada.
7. Férreo (página 17)	☐	Que habla mucho y sin oportunidad, o que dice lo que debía callar.
8. Aerostático (página 18)	☐	Persona importante de una gran dignidad.
9. Brumoso (página 19)	☐	Que se desplaza por medio de chorros de aire.
10. Dignatario (página 20)	☐	Engreída y que se cree superior a los demás.
11. Efusivamente (página 20)	☐	Abrir mucho la boca como dando arcadas.

Sopa de letras

Busca rápidamente las palabras del recuadro. Con las letras que sobran, podrás formar una oración sobre lo que quería hacer Saturno al llegar a la Tierra.

D	A	E	S	E	A	M	E	T	S	I	S
V	I	A	L	A	C	T	E	A	A	O	B
E	X	A	U	C	P	I	S	S	L	A	A
N	A	R	N	P	O	O	T	R	S	N	P
U	L	R	A	I	M	M	R	T	E	I	L
S	A	T	E	L	I	T	E	R	A	L	A
A	G	V	E	Z	L	R	L	T	E	L	I
T	A	R	A	Y	O	T	L	V	A	O	C
I	I	E	R	I	R	A	A	Y	R	D	A
B	I	S	D	F	R	N	U	I	T	A	P
R	R	E	T	R	A	M	O	L	A	B	S
O	I	E	P	L	A	N	E	T	A	N	E

ESTRELLA	NAVE	SATÉLITE
ORIÓN	VENUS	VÍA LÁCTEA
RAYO	MARTE	SISTEMA
ASTEROIDE	LUNA	ÓRBITA
COMETA	GALAXIA	ESPACIAL
PLANETA	SOL	ANILLO

Frase: ______________________________

____

____

Recuerda

- Vuelve a leer las palabras del ejercicio anterior y tacha los siete carteles que no se encontraban en la sopa de letras.

mercurio	órbita	perseidas	fulgor	espacial
cometa	anular	satélite	galaxia	elíptica
anular	estrella	luna	cohete	orión

Los títulos

- Cada uno de estos títulos corresponde a una de las frases que tienes debajo. Escribe a su lado el número correspondiente.

☐ TOTALMENTE PEDANTE

☐ EL MAYORDOMO PERFECTO

☐ EL MAYOR DESEO

☐ ¡ATERRIZAMOS!

☐ UN CHICO DISCRETO

1. Modesto era la persona más reservada y tímida que conocía.
2. Irache resultaba una sabionda parlanchina que nunca se equivocaba.
3. ¡Pisar por primera vez la Tierra!
4. Mis pensamientos se vieron interrumpidos por un vaivén de la aeronave.
5. Soy Yuno, el ordenador de la casa. Estoy a su disposición para lo que desee.

- Elige uno de los títulos y razona por qué lo has relacionado:

• Título número ☐

• Razonamiento: ______________________________

Ordena las oraciones

- **Ordena las palabras de cada recuadro para formar una oración.**

1. magneto-estación. Minutos más la alcanzamos tarde

2. Comendador El instantes. unos dudó

3. comunicarles un placer ha sido Es éxito. viaje el un que

4. llegó me turno. el fin Por

5. respiraba amigo dificultad. con Mi

6. del reposabrazos asiento. Mis los fuerza agarraron brazos con

1. ______________________________

2. ______________________________

3. ______________________________

4. ______________________________

5. ______________________________

6. ______________________________

Al revés

- **En cada uno de estos grupos hay dos series que contienen las mismas letras o los mismos números pero ordenados en sentido inverso. Localízalas lo más rápido que puedas y subráyalas.**

l	o	x	o	y
p	q	b	c	d
h	z	a	o	y
d	c	b	q	p
e	x	u	q	i

5	4	3	0	1
3	2	4	5	5
4	5	9	6	0
5	5	4	0	1
0	6	9	5	4

m	c	j	x	c
f	o	j	n	c
c	n	j	u	o
o	x	j	u	f
c	n	j	o	f

5	9	8	3	7
6	1	4	2	0
0	8	9	7	6
7	3	8	9	5
7	6	8	1	0

Varios significados

Relaciona las palabras del centro con sus dos significados. Encontrarás uno en cada columna. Puedes utilizar el diccionario si lo necesitas.

impulsar	sustentar	rendirse
plomada	varada	conducto
despreciar	aborrecer	calima
niebla	sonda	lanzar
encallada	vaivén	mantener
morir	sucumbir	detestar
soportar	bruma	embarrancada
oscilación	propulsar	balanceo

Palabras repetidas

Escribe las palabras que se repiten en cada columna y cuántas veces lo hacen.

A	B	C
Nave	Verbo	Puerta
Saturno	Amigo	Beso
Padre	Pensó	Edad
Estrella	Luego	Sueño
Bueno	Atiza	Campo
Saturno	Nuevo	Tela
Manos	Justo	Beso
Mario	Planeta	Tiempo
Juanito	Nariz	Sueño
Voces	Luego	Cielo
Saturno	Hasta	Gasas
Estrella	Noche	Tela
Elíptico	Planeta	Tierra
Tarde	Luego	Galaxia
Nave	Amigo	Sueño
Curva	Luego	Lechuza
Otoño	Venir	Tela
Estrella	Amigo	Beso
Saturno	Tarde	Modesto
Saltó	Planeta	Beso

A

B

C

Lee a tu alrededor: texto informativo

- Lee atentamente este texto relativo a los cambios en el comportamiento de algunos pájaros por la contaminación acústica, y luego contesta a las preguntas.

Los pájaros «gritan» por la contaminación acústica

Son muchas las especies animales que hacen uso de sonidos para atraer a sus parejas. Algunos de estos animales (como los pájaros) asocian los cantos que realiza su pareja al éxito o fracaso reproductivo. Un grupo de investigadores ha demostrado ahora que el ruido generado por los humanos **está afectando al cortejo entre** un tipo de pájaro urbano conocido como **carbonero.**

Según el estudio que publica hoy la revista *PNAS,* los machos que cantan a bajo volumen atraen a más hembras que los que lo hacen en un tono más alto. Pero la creciente contaminación acústica está provocando que estos animales **se vean obligados a subir el volumen de sus cantos,** hecho que los vuelve menos atractivos para sus parejas.

Los investigadores han estudiado a los pájaros carboneros que viven en un parque nacional de Holanda, y han asociado la cantidad de polluelos nacidos con el ruido registrado. Los resultados muestran que, cuando los niveles de contaminación acústica son bajos, los pájaros se aparean más y con más éxito, es decir, tienen más crías. Dicho de otro modo, el ruido hace gritar a los pájaros y eso los hace menos atractivos. Estos resultados podrían explicar por qué en las zonas transitadas, **la densidad de población de pájaros es menor.**

1. ¿Sabes lo que es la contaminación acústica? Marca la opción correcta.

☐ Atmósfera cargada. ☐ Demasiada gente. ☐ Exceso de ruido.

2. Completa el siguiente cuadro subrayando la opción correcta en cada caso.

• ¿Qué pasa?	El ruido está afectando al cortejo de los pájaros. Los pájaros carboneros tienen que cantar muy bajo para atraer a las hembras.
• ¿Dónde pasa?	En los parques de las grandes ciudades. En un parque nacional de Holanda.
• ¿Cuándo pasa?	Cuando los pájaros cantan para atraer a sus parejas. Cuando los pájaros tienen que hacer el nido.
• ¿Por qué pasa?	Porque los animales no controlan sus cantos en las ciudades. Por culpa de la contaminación acústica.

3. ¿Cuál es la idea principal que resume el texto? Razona tu respuesta.

a) En las zonas más ruidosas hay menos pájaros.

b) Los pájaros de la ciudad cantan más alto.

c) Los pájaros carboneros tienen que cantar a mayor volumen.

Razonamiento: ____________________

Capítulo 2

La Tierra en el año 2107

Señala la respuesta correcta:

1. **¿Qué vio Saturno al levantarse la persiana?**
   a. Un paisaje maravilloso.
   b. No se veía nada por la niebla.
   c. La ciudad llena de contaminación.

2. **Modesto solía vestir con...**
   a. prendas anchas.
   b. prendas estrechas.
   c. prendas estrafalarias.

3. **Realmente, Saturno había dormido...**
   a. 7 días.
   b. 3 días.
   c. 1 noche.

4. **En la recepción, lo primero que hizo la Regidora de la Capital Federal fue...**
   a. contarles una historia.
   b. hablar de la explosión ocurrida.
   c. poner un vídeo.

5. **¿A qué se le llama Megahecatombe?**
   a. Explosión de los almacenes nucleares.
   b. Choque de un meteorito contra la Tierra.
   c. Una Guerra Mundial.

6. **¿Dónde se fueron a vivir los habitantes de la Tierra?**
   a. Al hemisferio norte.
   b. Al Polo Sur.
   c. Al hemisferio sur.

Responde a las preguntas:

1. **¿Cuál era el principal problema que se planteaba en la Tierra? ¿Por qué?**

2. **Pensaron una solución al problema y le llamaron Proyecto Vida. Explica en qué consistía.**

3. **¿Qué es lo que querían que hiciesen los habitantes de La Salvación para el futuro?**

4. **Identifica la sensación que sintieron los tres chicos después del discurso de la Regidora de la Capital Federal en la recepción del Museo. Subraya la respuesta correcta:**

   Euforia – Malestar – Decepción – Pena – Alegría

5. **¿Cuál fue la doble propuesta final para el siguiente día?**

Deduce el significado

Busca estas palabras en las páginas del libro que se indican y trata de averiguar su significado. Señala, de los dos propuestos, cuál es el correcto en cada caso.

- Propulsar (página 27)
  - ☐ Empujar hacia adelante.
  - ☐ Tomar el pulso a una persona enferma.
- Tridimensional (página 32)
  - ☐ Aparato que sirve para enviar ondas sonoras.
  - ☐ Que se desarrolla en las tres dimensiones espaciales.
- Vagamente (página 28)
  - ☐ Remotamente, confusamente.
  - ☐ Que no quiere hacer nada.
- Titánico (página 36)
  - ☐ Muy grande, excesivo.
  - ☐ Elemento químico, metálico de color gris claro.
- Acuciante (página 39)
  - ☐ Que produce mucho agobio y sequedad en la garganta.
  - ☐ Que urge o exige rápida solución.
- Armatoste (página 39)
  - ☐ Cualquier máquina o mueble tosco, pesado y mal hecho.
  - ☐ Arma antigua utilizada para derribar puertas de fortalezas.

Para leer mejor

Lee estas palabras siguiendo la línea central e intenta recordarlas. Tienes tres minutos para hacerlo.

paz	día	sol
palo	mano	jaula
había	techo	lados
herida	torcer	azotar
pasillo	paleta	humano
ventana	herido	alcanzar
objetivo	patatas	estúpido
distinguir	corazón	dibujado
alunizaje	zapatillas	pataletas
aterrizaje	habitación	graznidos
almohada	carcajadas	prismáticos
sacrificados	electricidad	bienvenidos
competente	gigantescos	achicharrado
tranquilizarse	especialidad	indestructibles

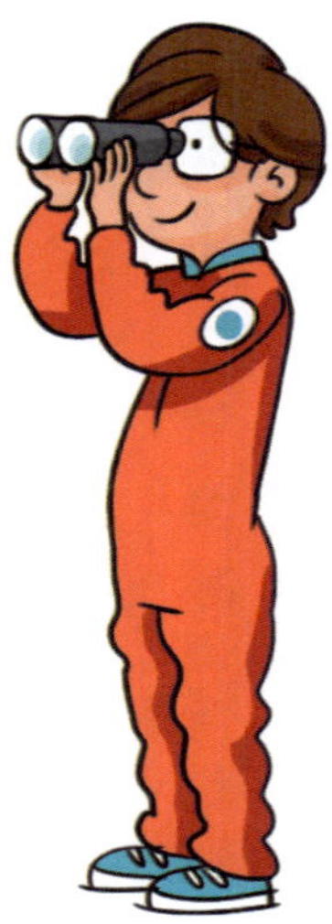

Recuerda las siete palabras

- **De las palabras que tienes a continuación, subraya las siete que estaban en las columnas de la página anterior.**

voz	jefe	lados
sal	gesto	salado
cosa	paleta	azotar
fuerte	grande	bomba
cuevas	rizado	plástico
objetivo	puerta	cortinas
distintos	caricias	juventud
competente	zapatillas	bienvenidos

Escribe un título

- **Lee el siguiente texto del capítulo y decide qué título de los propuestos es el más apropiado.**

«Cuando alargué el brazo para abrir la compuerta de mi habitáculo, mis dedos solo rozaron el aire. No necesité despegar los párpados para darme cuenta de que me encontraba en un lugar diferente. El tacto de las sábanas era más suave, y ni mis pies ni mis manos tocaban los límites habituales de mi cama nido.

Normalmente me tomaba mi tiempo antes de abandonar la cama. Aquel día, como si dispusiese de un motor a propulsión, me puse en pie de un salto. Tuve la impresión de haber dormido durante un día entero, tal vez por ese motivo me costó tanto recordar que me encontraba en la Tierra.»

- [ ] Demasiada prisa.
- [ ] Un despertar distinto.
- [ ] Sueño invernal.
- [ ] Una nueva vida.

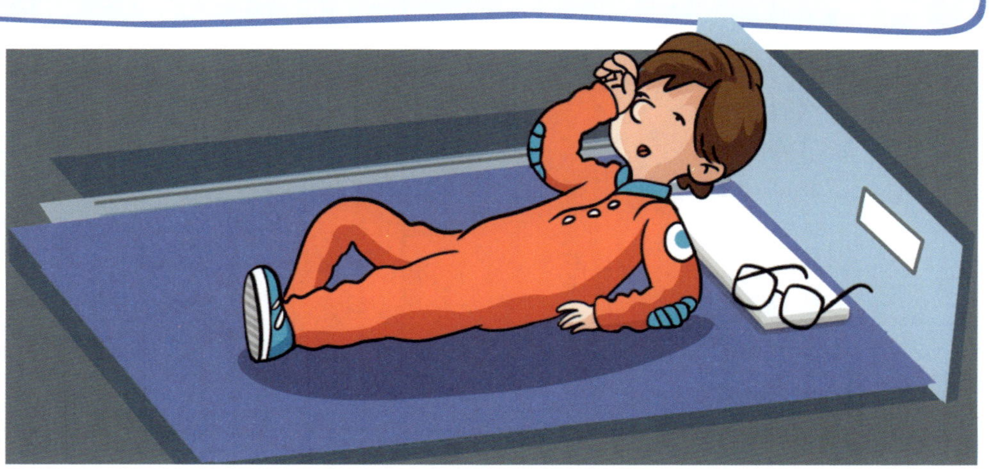

Frases intrusas

- **Busca las tres frases intrusas que se han colado en el texto y subráyalas.**

1. Durante unos instantes fue como aguardar a que se alzara el telón y disfrutar de un espectáculo maravilloso. El aterrizaje se había producido por hora intempestivas y la oscuridad no me había permitido ver casi nada.
2. La sala de recepción de visitantes del museo era descomunal, y no tuvisteis problema en acomodarnos en ella a todos los habitantes de La Salvación.
3. —Mañana tendré el gusto de acompañar a los adultos a visitar la planta en las que se realizan el Proyecto Vida. Después disfrutaremos de un almuerzo en la playa. Allí escucharé todas sus propuestas.

Solo con los ojos

- **Busca rápidamente en cada recuadro las tres letras que se repiten.**

R	S	P	U
F	Q	Y	O
O	B	J	K
Ñ	P	G	Q

C	H	I	C
P	V	B	Z
Q	O	L	T
L	J	R	V

T	O	P	Q
L	V	D	R
C	B	I	J
T	D	U	B

F	T	I	O
V	B	J	X
X	D	R	F
U	V	I	A

L	C	H	I
S	O	B	X
A	T	F	B
U	H	G	A

Z	T	U	B
D	J	H	A
O	P	Z	L
U	Q	K	J

Reconstruye los sinónimos

Busca y escribe los sinónimos de las siguientes palabras. Para encontrarlos debes juntar las sílabas que tienen el mismo número.

4 en	**1** men	**6** me
1 mo	**2** cio	**7** ión
5 ur	**3** mon	**5** te
3 re	**4** se	**8** sco
6 en	**5** gen	**1** tos
8 gig	**7** epc	**3** tar
7 dec	**8** ante	**2** nar
2 fric	**6** or	**4** ñar

- exhibir: 4 enseñar
- desilusión: ____________
- titánica: ____________
- rozar: ____________
- acuciante: ____________
- subir: ____________
- titánico: ____________
- instantes: ____________

Palabras diferentes

En estas columnas hay parejas de palabras que son iguales y otras distintas. Subraya, en las columnas C y D, las palabras que sean diferentes.

A	B
saludo	jamás
doce	tiene
baja	palabra
salto	nacido
motor	museo
nada	visitante
metros	vuelta
manto	velocidad
distancia	firme
niebla	desatar
denso	fracaso
coraje	amenaza
despegar	alerta
párpados	visual
ciruelas	anterior
cama	terrestre

C	D
saludo	jamás
doce	tiempo
bata	palote
salto	nacido
motor	museo
nada	viandante
metros	vuelta
moto	velocidad
distancia	primo
siembra	desatar
denso	fracaso
garaje	amenaza
despegar	abierta
prados	visual
ciruelas	ascensor
cama	terrestre

Lee a tu alrededor: menú del comedor escolar

Lee atentamente este menú propuesto para cinco semanas de clase y luego responde a las preguntas.

LUNES	1 MARTES	2 MIÉRCOLES	3 JUEVES	4 VIERNES
	Festivo	– Pizza Prosciutto. – Bacalao al horno con ensalada mixta. – Pan y manzana.	– Espaguetis a la boloñesa. – Tortilla de espinacas con ensalada. – Pan y plátano.	– Patatas a lo pobre. – Lenguado en salsa marinera con guisantes. – Pan y pera.
7 – Arroz a la cubana. – Pechuga de pollo a la plancha con patatas. – Pan y manzana.	8 – Cocido de garbanzos. – Calamares con ensalada mixta. – Pan integral y yogur.	9 – Estofado de ternera. – Merluza al horno con ensalada mixta. – Pan y yogur.	10 – Albóndigas en caldo. – Tortilla de atún con ensalada. – Pan y plátano.	11 – Crema de calabacín. – Carne con tomate. – Pan y naranja.
14 – Caldo de ave con fideos. – Flamenquín con patatas. – Pan y pera.	15 – Lentejas estofadas. – Rosada al horno con ensalada mixta. – Pan integral y yogur.	16 – Alubias estofadas. – Lomo de sajona con ensalada mixta. – Pan y manzana.	17 – Espirales a la carbonara. – Merluza en salsa verde con guisantes. – Pan y naranja.	18 – Paella. – Tortilla francesa con ensalada. – Pan y plátano.
21 – Fideuá marinera. – Croquetas con ensalada mixta. – Pan y pera.	22 – Macarrones con atún. – Cinta de lomo con patatas. – Pan integral y naranja.	23 – Cocido de garbanzos. – Bacalao al horno con ensalada mixta. – Pan y manzana.	24 – Arroz a la cubana. – Pollo en pepitoria. – Pan y pera.	25 – Crema de verduras. – Salmón con ensalada. – Pan y naranja.
28 – Espirales a la carbonara. – Pechuga de pollo a la plancha con patatas. – Pan y manzana.	29 – Lentejas estofadas. – Rosada al horno con ensalada mixta. – Pan integral y yogur.	30 – Caldo de ave con fideos. – San Jacobo con ensalada mixta. – Pan y plátano.		

1. ¿Qué días se repite el mismo menú?

2. ¿Cuáles son los primeros platos que se sirven más de una vez?

3. Fíjate bien e indica algo significativo respecto al pan.

4. Realiza un menú en tu cuaderno con los primeros y segundos platos que más te gusten, no te olvides del postre.

- Señala la respuesta correcta:

1. **¿Qué le ocurría a más de 100 niños de La Salvación?**
   a. No habían despertado de la hibernación.
   b. Volvían a la Tierra.
   c. Iban de acampada.

2. **El sueño eterno era...**
   a. un sueño muy profundo y duradero.
   b. la muerte.
   c. una enfermedad por falta de oxígeno.

3. **¿De qué andaba escaso El Palmeral?**
   a. De espacio.
   b. De palmeras.
   c. De gente.

4. **¿Quién era Roy?**
   a. El chico del tren relámpago.
   b. Uno de los protagonistas.
   c. El hijo de la Regidora.

5. **¿Cómo se envasaba el oxígeno?**
   a. En recipientes de diferentes tamaños.
   b. En botes herméticos.
   c. En recipientes especiales.

6. **El oxígeno sería insuficiente en...**
   a. dos meses.
   b. treinta días.
   c. cuatro semanas.

7. **El Parque de las Medusas era...**
   a. una reserva natural.
   b. un parque acuático.
   c. una playa solitaria.

8. **¿Que acabó con los pájaros?**
   a. Se los comieron.
   b. El Muro que impedía las migraciones.
   c. La falta de oxígeno.

9. **Los pingüinos y las ballenas desaparecieron...**
   a. por el calentamiento.
   b. por la subida del mar.
   c. por la escasez de oxígeno.

10. **¿Cuándo podían bañarse en el mar?**
    a. Solo de noche.
    b. Por la mañana.
    c. Después del mediodía.

11. **En el agua, resultaba mortal...**
    a. la picadura de los cangrejos venenosos.
    b. la picadura de las medusas.
    c. la fuerza de las olas.

12. **Irache, al llegar al mar...**
    a. se quedó sorprendida.
    b. se metió en el agua.
    c. se deslizó con su silla.

13. **¿Por qué no reaccionó Saturno?**
    a. Estaba bloqueado.
    b. No se dio cuenta del peligro.
    c. Quería ver lo que pasaba.

14. **¿Quién pensó cómo socorrer a Irache?**
    a. El padre de Irache.
    b. Modesto.
    c. Abelardo.

15. **Para vivir en el Norte debían pasar...**
    a. dos mil años.
    b. quinientos años.
    c. doscientos años.

16. **El refresco más popular de la Tierra es...**
    a. un refresco de Plus cola.
    b. un refresco de cola.
    c. un refresco de limón.

17. **Irache piensa que la Tierra...**
    a. se ha convertido en un paraíso.
    b. se ha convertido en un basurero.
    c. es irrecuperable.

18. **Los chicos contactaron con Laura a través de la...**
    a. Puerta Estelar.
    b. Puerta del Sol.
    c. Puerta de Alcalá.

19. **¿Qué descubrieron a través de ella?**
    a. La manera de volver a la Tierra.
    b. Que el meteorito no impactó con la Tierra.
    c. Que el meteorito destruyó una parte de la Tierra.

20. **Fue el padre de Irache quien propuso...**
    a. cambiar la situación de la Tierra.
    b. unir los esfuerzos.
    c. trabajar en el Proyecto Vida.

Deduce el significado

Busca cada palabra en la página del libro que se indica. Lee el párrafo en el que se encuentra para averiguar lo que significa y escríbela al lado de su explicación.

- irónico (página 46)
- entrañar (página 48)
- repipi (página 53)
- inabarcable (página 56)
- marabunta (página 56)
- percatarse (página 62)
- virtual (página 68)
- fluctuar (página 69)

- Excesivamente grande: ______________________
- Persona pedante y redicha: ______________________
- Que tiene existencia aparente y no real: ______________
- Contener, llevar dentro de sí algo: ________________
- Darse cuenta clara de algo: ______________________
- Que se expresa con tono burlón: __________________
- Conjunto de gente alborotada y tumultuosa: __________
- Vacilar, dudar de unas imágenes: __________________

Las siete diferencias

Marca las siete diferencias que hay entre estos dos dibujos. Recuérdalas bien porque después tendrás que escribirlas.

Haz memoria

● Escribe las siete diferencias de los dibujos de la página anterior.

1. ______________________________

2. ______________________________

3. ______________________________

4. ______________________________

5. ______________________________

6. ______________________________

7. ______________________________

Comprensión global

● Ordena las siguientes secuencias del capítulo que has leído.

☐ 

☐ 

☐ 

☐ 

☐ 

☐ 

Palabra intrusa

- **Tacha la palabra que no se corresponde con la oración.**

Ella [viviera – vivía] en un hermoso valle con un riachuelo de [aguas – agua] cristalinas. El cielo [sería – era] azul, sin nubes de [contaminación – contaminaciones], y los bosques interminables. ¡Eso era lo que [esperarían – esperábamos] encontrar! Eli Peral se [echó – echaban] a reír a plena carcajada.

Es habitual [utilizar – utilizaron] recreaciones de hermosos [paisajes – paisaje] anteriores a la Hecatombe. [Quedaron – Quedan] muy bien. Pero solo se [trataba – trataron] de eso: ¡una recreación virtual!

Irache [abriría – abrió] los ojos de par en [par – pares].

—¡Ella misma [diría – dijo] que [vivía – viviese] en plena naturaleza!

Ahora [llamo – llamamos] naturaleza a cualquier terreno sin construcciones.

La espiral

- **Sigue la dirección de la flecha y lee el contenido que te va mostrando el texto en el recuadro. Contesta luego a las preguntas.**

E	R	A	T	R	E	P	S	E	D	O	N	N
N	T	A	L	N	E	O	N	E	G	Í	X	A
V	I	R	E	F	N	E	A	N	U	O.	O	Í
A	E	M	Q	O	D	A	C	I	L	N	E	D
R	R	E	U	I	T	A	L	E	P	R	D	O
I	R	D	E	E	O	D	←S	D	X	E	A	P
O	A.	A	S	R	C	L	→O	S	E	T	T	E
S	L	D	U	R	T	O	R	E	N	E	L	U
D	O	C	F	A	H	A	B	Í	A	O	A	Q
Í	M	A	R	Í	A	N	S	U	E	Ñ	F	S
A	Á	U	S	A	D	A	P	O	R	L	A	E
S.	S	P	R	E	O	C	U	P	A	N	T	E

1. **¿Qué enfermedad sufrían?**

____

____

2. **¿Por qué estaba causada?**

____

____

3. **¿Qué era lo más preocupante?**

____

____

Antónimos

- Relaciona mediante flechas cada palabra con su antónimo correspondiente.

Enorgullecer	Mínimo
Percatarse	Avergonzar
Irónico	Mejorar
Inabarcable	Apaciguar
Encrespar	Abundancia
Determinación	Serio
Escasez	Despistarse
Empeorar	Indecisión

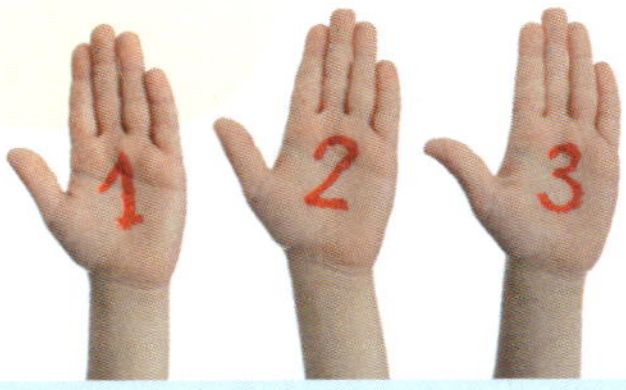

Series de palabras

- Cuenta las veces que se repite la palabra que encabeza cada serie.

casa	cosa, casa, cita, casa, cama, cara, capa, casa, copa, casa, cata, capa, cara, caja, casa, casa, cosa, capa, cara, casa, cosa, casa, cazo, caza, coto, casa, cara, cala, cana.	☐ veces
nota	nota, noli, nilo, noto, nota, solo, nota, nada, toda, nota, rota, cala, nota, nada, niño, nota, rota, nita, raca, mala, nota, nana, mola, naipe, nota, nona, nasa, masa, nata, nula, nada, mala.	☐ veces
calor	cola, calor, color, dolor, calor, colar, calor, domar, dolor, calor, calor, cavar, cortar, calor, calar, color, casar, coger, calor, comer, calor, cocer, calor, rumor, dolor, calor, furor, olor.	☐ veces
mesa	masa, mata, mesa, misa, mesa, mesa, musa, mesa, masa, meta, mota, mesa, mesa, mata, mesa, mate, mesa, meta, mapa, mesa, mote, mesa, moza, mata, maza, meta, musa.	☐ veces
risa	rata, rizo, rama, raso, risa, risa, roto, rabo, risa, risa, rito, roto, roba, ramo, risa, rosa, rota, rato, risa, roma, risa, rito, risa, rija, rota, reja, ruta, risa, runa, rusa, rima, ralo, rabo.	☐ veces

Lee a tu alrededor: el mapa del tiempo

Mira atentamente la previsión del mapa del tiempo. Pon atención a las indicaciones y los símbolos que se muestran y luego responde a las preguntas.

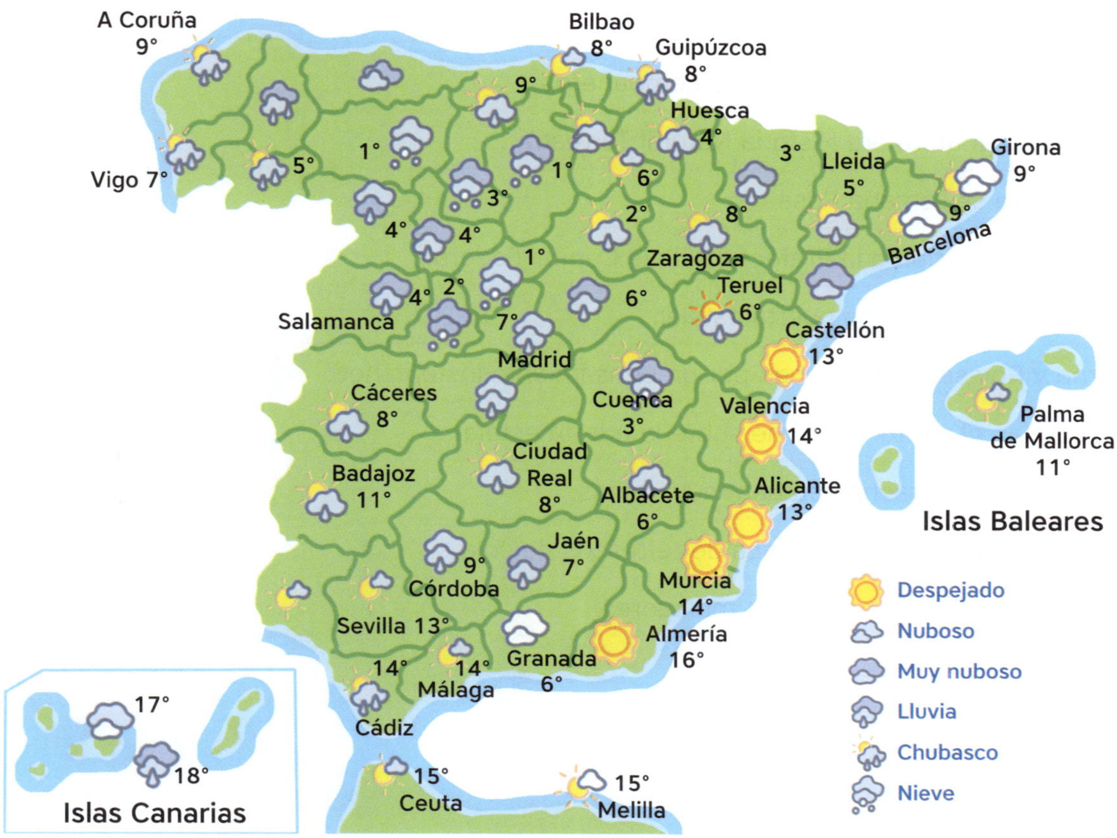

1. Valora el mapa del tiempo e indica cuál es la estación del año que se refleja. ¿Qué datos te han llevado a esa conclusión?

2. Según el mapa, ¿en qué parte de España hará mejor tiempo? Señala la respuesta correcta.
   a) Andalucía.
   b) La zona de Levante (el este).
   c) Las islas Canarias.

3. ¿Es posible que nieve en alguna zona? ¿Cómo lo sabes?

4. ¿Cuál será la temperatura más alta? ¿Dónde se producirá?

5. La temperatura más baja será de... ☐ ¿En cuántas provincias se dará esa temperatura? ¿Conoces alguna de ellas?

- Indica si estas afirmaciones son verdaderas (V) o falsas (F):

	V	F
Saturno era muy popular entre sus compañeros.		
La nueva asignatura era Historia Natural Terrestre.		
La profesora se llamaba Rosa.		
Fueron de excursión a la Prefectura de la Capital Federal.		
No encontraron ninguna puerta estelar.		
Saturno y Roy se comunicaban por un pensamiento instantáneo.		
Todos creían el relato de Irache sobre la puerta estelar.		
Ahora Modesto e Irache estaban muy unidos.		
Roy llevó a Saturno a una fábrica de refrescos de cola.		
A Roy le gustaba jugar con los simuladores.		

- Después de haber leído el capítulo, contesta a las siguientes preguntas:

1. ¿A qué se dedicaba el padre de Saturno en La Salvación?

2. Los encargados de usar la puerta estelar fueron...

3. ¿Dónde trabajaban ahora los científicos de La Salvación?

4. ¿Qué habían visto los chicos desde la puesta estelar de La Salvación?

5. ¿Por qué no podía haber ciudades en la zona norte?

Deduce el significado

Busca estas palabras en las páginas del libro que se indican y trata de averiguar su significado. Luego completa las oraciones con la palabra adecuada.

• sopor (página 75) • gélida (página 77) • bóveda (página 79) • absorto (página 86) • holgadamente (página 81) • idílica (página 82) • deambulando (página 86)

1. Aquella ______________ mañana empezamos a tiritar.
2. Me encontraba ______________ en mis pensamientos cuando me llamaron.
3. Con el hambre que teníamos, comimos ______________ en el restaurante.
4. Saturno estuvo un buen rato ______________ por toda la Capital Federal.
5. A la hora de la siesta nos invadía un tremendo ______________.
6. Por los cristales de la ______________ pudimos contemplar las estrellas.
7. Lo que contemplaron los chicos en la puerta estelar de Laura era una visión ________.

Texto partido

Parte de este texto se ha cortado, seguro que eres capaz de leerlo. Luego contesta a las preguntas:

Al día siguiente, ninguno de los niños de La Salvación había abandonado el sueño eterno. Pero nada evitó que empezara el nuevo curso.

Lo primero que me llamó la atención al entrar a clase fue que nada me llamaba la atención. El aula se parecía exageradamente a la de La Salvación: paredes trasmisoras de sonido blancas, pizarra tridimensional, cuadernos táctiles, sillas y mesas de fibra de plástico verdes...

En La Tierra habían concluido que cuanto más se pareciese aquel lugar a La Salvación, menos nos costaría adaptarnos. Resultaba obvio que los jóvenes y los adultos no pensábamos igual. ¡Yo esperaba encontrar un lugar diferente en el que saltaríamos de una novedad a otra!

1. **¿Cuántos niños habían abandonado el sueño eterno?** ______________
2. **Lo primero que llamó la atención del chico en la clase fue...**
____
3. **¿Qué resultaba obvio?** ______________

Haz memoria

Ordena estas secuencias según el texto de la página anterior. Utiliza solo tu memoria para realizarlo.

N.º ☐

N.º ☐

N.º ☐

N.º ☐

Cuestión de lógica

Lee las pistas y averigua el nombre de cada uno de los personajes que se representan en los dibujos.

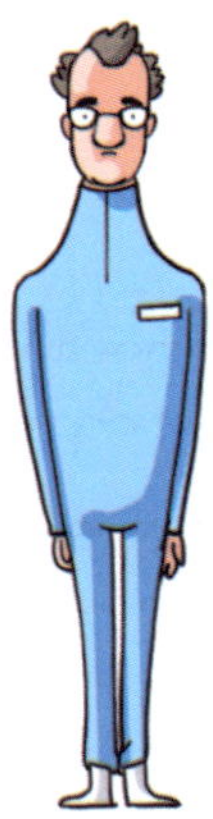

1 ______________

2 ______________

3 ______________

4 ______________

Pistas:

- ✔ El padre de Roy es el conductor del tren relámpago.
- ✔ Odín Black está junto a la profesora Rosa.
- ✔ Máximo Grande se encuentra en una esquina.

1. ______________
2. ______________
3. ______________
4. ______________

Completa el texto

Completa el texto con las palabras que tienes en el recuadro inferior:

«Del éxito al fracaso solo hay ____________». Ahora comprendía aquella frase.

—Buenos días –dije al entrar en clase. Nadie ____________.

Repetí el saludo ____________, una por cada compañero con el que me cruzaba. Pero ____________ ellos me contestó. Cuando nadie quiso sentarse ____________ obtuve la confirmación definitiva: todos me habían dado de lado.

Vuelta ____________, suspiré.

En realidad, nunca había sido popular en clase. El colegio no me gustaba. Pero en ____________, siempre estaba interrumpiendo ____________ que me venía a la cabeza.

1. doce veces
2. ninguno de
3. vez de esforzarme
4. a las andadas
5. me respondió
6. a mi lado
7. un pequeño paso
8. con lo primero

¿Cuántas veces?

Indica el número de veces que aparecen repetidos los símbolos del cuadro. Utiliza solo los ojos para contar y hazlo tan rápido como puedas.

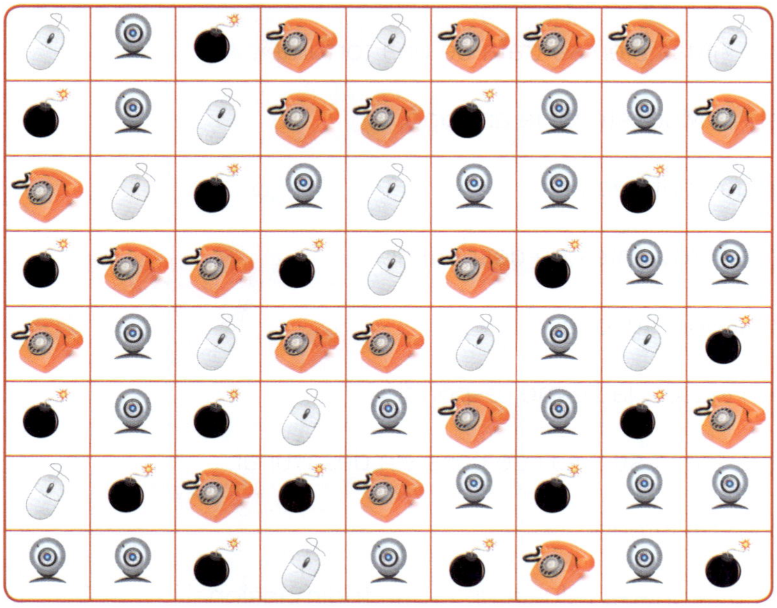

 ____________ veces.

 ____________ veces.

 ____________ veces.

 ____________ veces.

Crucigrama

Escribe las palabras que corresponden a cada definición en su número correspondiente. En la columna señalada con una flecha aparecerá el nombre del amigo de Irache y Saturno.

			↓					
1								
2								
3								
4								
5								
6								
7								

1. Te alimentarás.
2. Otra forma de llamar al color rojo.
3. No encontrados.
4. Recipientes llenos de tierra para cultivar plantas.
5. Enseñan a los alumnos/as.
6. Cuidan de los rebaños.
7. Conjunto de matas espesas.

Encuentra oraciones

Para realizar este juego necesitas consultar el libro. Encuentra lo más rápido que puedas estas oraciones que están en el capítulo 4. Cuando las localices, escribe en qué página aparece cada una.

Página

- «¿Esta es la sorpresa?». Pensé. «¡Más bien se trata de una tortura!». ☐
- Irache no alcanzó a decir palabra. Modesto se le anticipó. ☐
- Rosa se ajustó las gafas antes de continuar. ☐
- —¿Repetimos mañana? –propuso Roy antes de despedirse. ☐
- Máximo Grande soltó un interminable suspiro. ☐
- —Buenos días –dije al entrar en clase. Nadie me respondió. ☐
- Seguía sin tener apetito, así que me vestí y salí de casa sin desayunar. ☐
- Un cabreo monumental brotó en mi interior. ☐
- Caminamos hasta un local en cuya puerta relucía un cartel tridimensional. ☐

Lee la letra de una canción: *¿Y cómo es él?*

Lee la letra de esta canción del cantautor José Luis Perales. Luego responde a las preguntas.

Mirándote a los ojos juraría
que tienes algo nuevo que contarme.
Empieza ya mujer no tengas miedo,
quizá para mañana sea tarde,
quizá para mañana sea tarde.

¿Y cómo es él?
¿En qué lugar se enamoró de ti?
¿De dónde es?
¿A qué dedica el tiempo libre?
Pregúntale,
¿por qué ha robado un trozo de mi vida?
Es un ladrón, que me ha robado todo.

(estribillo)

Arréglate mujer, se te hace tarde
y llévate el paraguas por si llueve.
Él te estará esperando para amarte
y yo estaré celoso de perderte.

Y abrígate, te sienta bien ese vestido gris.
Sonríete, que no sospeche que has llorado.
Y déjame que vaya preparando mi equipaje.
Perdóname si te hago otra pregunta.

¿Y cómo es él?
¿En qué lugar se enamoró de ti?
¿De dónde es?
¿A qué dedica el tiempo libre?
Pregúntale,
¿por qué ha robado un trozo de mi vida?
Es un ladrón que me ha robado todo.

Algunos dicen que esta canción escrita por José Luis Perales se la dedicó a su propia hija cuando empezaba a salir con un chico. Este dato es falso ya que su hija tenía en ese momento 3 años. En realidad la escribió por encargo para otro cantante, Julio Iglesias, quien acababa de separarse de su mujer. Sin embargo, la productora discográfica consideró inoportuno que este la cantara. Como los expertos musicales creyeron que sería un gran éxito, pidieron que la interpretara el mismo Perales. Y así fue. Este tema ciertamente podría ser considerado como la manifestación de un gran amor paternal al tener que compartir el cariño de su hija.

1. **¿Sabes lo que es el estribillo de una canción?**
   a. La parte de la letra que se repite.
   b. La parte más conocida de la canción que se suele tararear.
   c. Otra forma de llamar al título.

2. **¿Quién es un cantautor?**
   a. Alguien que canta muy bien.
   b. Un cantante que escribe poemas.
   c. Una persona que canta las canciones que compone.

3. **¿Cuántas cosas quiere saber de *él*? ¿Cuáles son?**

____

____

4. **Subraya algún fragmento de la canción en el que se demuestre cariño. Razónalo.**

____

5. **¿Piensas que las letras de las canciones pueden expresar sentimientos de la propia vida?**

____

Capítulo 5 El Muro

Señala la respuesta correcta:

1. **¿Qué le había ido mostrando Roy a Saturno?**
   a. La fábrica de oxígeno.
   b. Algún nuevo rincón de la Capital Federal.
   c. La puerta estelar secreta.
2. **La profesora Rosa anunció la visita...**
   a. al Muro.
   b. a la torre de la Capital Federal.
   c. al Proyecto Vida.
3. **¿Cómo eran las afueras de la ciudad?**
   a. Llenas de fábricas e industrias.
   b. Un hermoso valle.
   c. Un desierto interminable.
4. **¿Cuántas puertas existían para cruzar el Muro?**
   a. Diez.
   b. Infinitas.
   c. Siete.
5. **¿Por qué siguió Saturno a Irache?**
   a. Porque ella se lo dijo.
   b. Por si sufría un nuevo percance.
   c. Por curiosidad.
6. **Las huellas que vieron pertenecían...**
   a. a una nave de carga.
   b. a una nave de transporte.
   c. a un tractor.
7. **La nave que vieron era del tipo...**
   a. Magallanes-4.
   b. Nautilus-4.
   c. Mosser-Plus.
8. **¿Qué dejó asombrados a los niños?**
   a. Ver la fábrica de oxígeno.
   b. La visión de un pájaro.
   c. El color de un matorral.
9. **Cuando Saturno abrió los ojos se encontraba...**
   a. en un hospital.
   b. en la cama de su habitación.
   c. en casa de su amiga Irache.
10. **¿Qué le preguntó la doctora Cyan?**
    a. Qué le había pasado.
    b. Cómo se llamaba.
    c. Que si recordaba algo de lo ocurrido.
11. **El diagnóstico de los doctores sobre los niños fue que sufrieron...**
    a. un fuerte golpe.
    b. un golpe de calor.
    c. una lipotimia.
12. **Irache estaba en la habitación...**
    a. con los ojos perdidos en la ventana.
    b. profundamente dormida.
    c. bastante enfadada.
13. **¿Qué le dijo Saturno a su amiga?**
    a. Que si recordaba algo de lo que pasó.
    b. Que se recuperara pronto.
    c. Que dejara de tomar plus-cola.

14. **Cuando Saturno intentó salir del Palmeral...**
    a. lo llamó su padre.
    b. se encontró con Roy.
    c. un guardia se lo impidió.
15. **A Saturno su padre le enseñó...**
    a. algunos trucos de magia.
    b. algunos trucos de pilotaje.
    c. algunos secretos de la Tierra.
16. **¿De qué culpaban los compañeros a Saturno?**
    a. De no dejarles tomar cola-plus.
    b. De ser un gafe.
    c. De lo que le pasaba a Irache.
17. **La mayoría de la población vivía en...**
    a. los niveles subterráneos.
    b. en ciudades dormitorio.
    c. en urbanizaciones como El Palmeral.
18. **Cada familia solo podía tener...**
    a. un hijo.
    b. dos hijos.
    c. una casa.
19. **Los trabajadores de la Capital Federal...**
    a. descansaban dos días a la semana.
    b. descansaban dos domingos al mes.
    c. descansaban dos fines de semana al mes.
20. **¿Qué creía Saturno que contenía la cola-plus?**
    a. Vitaminas para reforzar la mente.
    b. Concaseína para estimular el ánimo.
    c. Concaseína para no recordar nada.

Deduce el significado

Busca las palabras en la página del libro que se indica para intentar averiguar su significado. Luego forma sus definiciones relacionando una frase de cada columna y escribe a cada lado el número correspondiente. Observa el ejemplo.

1. Garita (página 94)
2. Amplímetro (página 94)
3. Improperio (página 99)
4. Zotal (página 103)
5. Catatónico (página 110)
6. Sumiso (página 112)
7. Majadero (página 116)
8. Austeridad (página 117)

1	Caseta donde se resguarda...		... generalmente en los establos.
	Injuria grave de palabra, especialmente...		... ausencia de voluntad y movilidad.
	Desinfectante o insecticida que se usa...		... forma de obrar o vivir.
	Amplificador, aparato que aumenta el...		... para echar en cara algo a alguien.
	Severidad y rigidez en la...	1	... el vigilante o centinela.
	Enfermedad que se caracteriza por la...		... y grosero.
	Obediente, dócil...,		... volumen o la intensidad del sonido.
	Torpe, molesto...		... subyugado.

Encuentra los errores

Subraya las palabras que están mal escritas y vuélvelas a escribir de forma correcta.

El día de la incursión, solo un puñado de adultos nos acompañaron –a nuestros profesores apenas se les había unido Eli Peral y Máximo Grande–, y todos sus esfuerzos para mantener en orden a más de un centenar de escolires obtenían escasos frutos.

Lamentablemide, mi hermana y los otros niños de La Salvación continuaban en estado de Sueño Eterno. Y el padre de Irache había sido el encargado de distribuir los guapos de trabajo para que, basándose en los puestos que ocupaban en muestra antigua ciudad espacial, consiguiesen acelerar la construcción de los pedicuras reactores nucleares.

Finalmente, las naves autopropulsadas nos recogieron en la última estación del trueno relámpago y nos condujeron hasta la titánica constitución de El Muro.

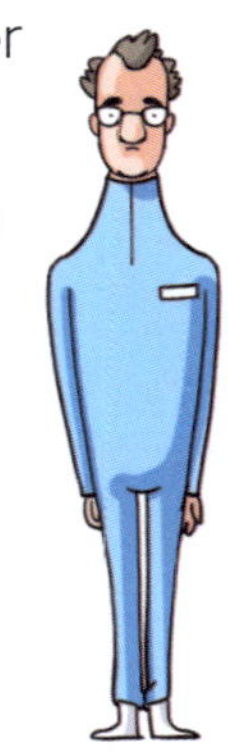

A ver si te acuerdas

- **Vuelve a leer el texto de la página anterior y subraya las diez palabras que se encuentran en él.**

solo	libro	plano
frutos	Muro	ciudad
ciudad	bajón	altitudes
cabello	Sueño	angelote
poesías	cuento	montaña
reglado	armonía	encargado
servilleta	profesores	pestilente
canciones	aventura	biblioteca
reactores	nucleares	relámpago
autopropulsadas	interminable	autoprotegido

Resúmenes

- **¿Cuál de estos tres resúmenes te parece más adecuado para el texto? Márcalo con una X.**

Las novedades se multiplicaron a lo largo de aquella semana. Roy me había ido mostrando algún nuevo rincón de Capital Federal cada día, y lo único que deseaba era que transcurriese lo más rápido posible el fin de semana para encontrarnos el lunes.

Ni siquiera cuando la profesora Rosa anunció que visitaríamos el Muro, consiguió despertar mi interés. «De acuerdo», pensé, «ver aquella construcción enorme debe ser una pasada. Pero, ¿hay algo más deprimente que hacer una excursión con gente que no te dirige la palabra?».

☐ Saturno está deprimido y no encuentra razones que le interesen para poder salir de su aburrimiento. Además, sus amigos no le hablan.

☐ A Saturno no le hablan sus compañeros, por lo tanto no le interesa la excursión que anuncia Rosa, aunque el Muro parece atractivo. Él solo quiere volver a encontrarse con Roy.

☐ Los acontecimientos de la semana han dejado a Saturno muy preocupado y no quiere hablar con sus compañeros ni ir a visitar el Muro. Su amigo Roy le enseña sitios interesantes y piensa en el lunes para volver a verlo.

- **¿Por qué lo has elegido?** ______________________

Comparaciones

- **Relaciona con flechas las dos partes de cada comparación. Luego, escribe debajo tres comparaciones más.**

Irache es más terca...	... como el trigo.
Eli Peral tiene la voz más chillona...	... que una estatua.
Roy es tan rubio...	... que una mula.
Modesto habla menos...	... como una flor.
La doctora es tan delicada...	... que una marmota.
Los niños duermen más...	... que una trompeta.
El paisaje es tan seco...	... que un relámpago.
El tren es más rápido...	... como el desierto.

1. ______________________________
2. ______________________________
3. ______________________________

Mensaje secreto

- **Siguiendo la correspondencia de letras y números que hay en el cuadro, obtendrás un fragmento del libro *Rumbo a la Tierra*. Cada letra está representada por el número que le corresponde y por la indicación: I = izquierda; D = derecha.**

I		D
S	**1**	E
D	**2**	I
O	**3**	U
N	**4**	T
A	**5**	L
J	**6**	G
Q	**7**	R
M	**8**	H
C	**9**	B
P	**10**	F

4D 3I 2I 3I 1I   8I 2D 7D 5I 8I 3I 1I   8D 5I 9I 2D 5I

5D 5I   2I 2D 7D 1D 9I 9I 2D 3I 4I   7I 3D 1D

2D 4I 2I 2D 9I 5I 9D 5I   10I 1D 7D 3I   5I 5D 5D 2D

1I 1D 6D 3D 2D 5I   1I 2D 4I   5I 10I 5I 7D 1D 9I 1D 7D

4I 2D 4I 6D 3D 4I 5I   10I 3D 1D 7D 4D 5I

____

____

Forma palabras

- **Utiliza las sílabas de cada recuadro para formar palabras. Escríbelas al lado de sus significados.**

RE	NI	RA	GI
TI	DO	TÁ	CA

- Desmesurado, excesivo. ____________
- Que rige o gobierna en algún lugar. ____________

EX	RIEN	PE	NO
PA	MA	CIA	RA

- Circunstancia o acontecimiento vivido por alguien. ____________
- Paisaje que se contempla desde un punto. ____________

PEN	MEN	SA	TO
LA	MIEN	TA	BLE

- Acción y efecto de pensar. ____________
- Que merece ser lamentado. ____________

DE	DO	DI	ME
MI	ZAR	TI	CI

- Resuelto, audaz. ____________
- Imitar la apariencia de los seres u objetos del entorno. ____________

SU	LON	NIS	DO
PRO	MI	GA	TRAR

- Proveer a alguien de algo que necesita. ____________
- Que se prolonga en el tiempo. ____________

Palabras y siluetas

- **Relaciona cada palabra con su silueta.**

1. nube
2. paisaje
3. hombre
4. sobrevivir
5. piedra
6. mosca
7. enfadada
8. surcos
9. horizonte
10. velocidad
11. pelo
12. desierto

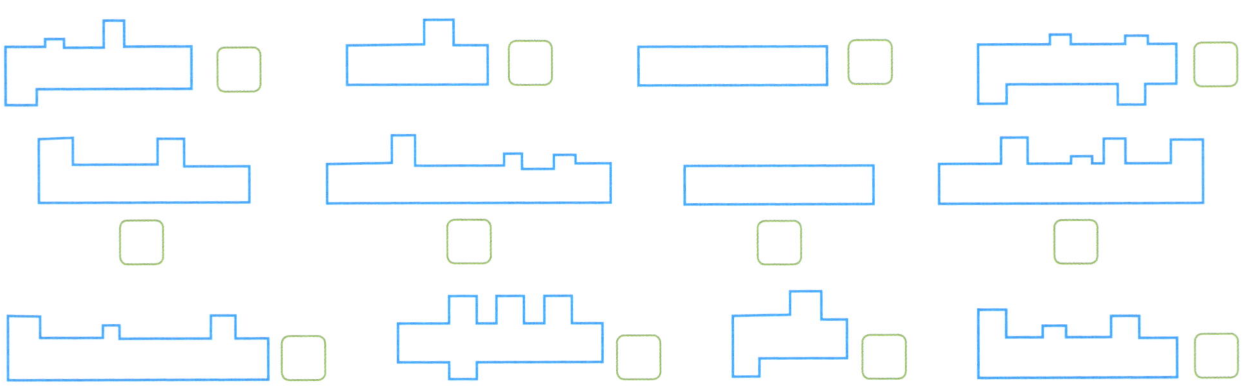

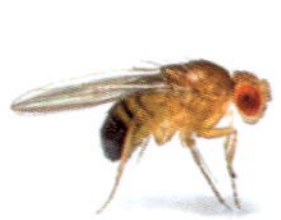

Lee a tu alrededor: un cartel

Lee la siguiente información de un cartel publicitario y contesta después a las preguntas:

PONY CLUB LA LOMA

PASEOS EN PONY/ ESCUELA DE EQUITACIÓN/ RECORRIDOS A CABALLO

En el Pony-Club La Loma te ofrecemos la posibilidad de pasar una divertida jornada donde podrás disfrutar de la cercanía de los caballos.

- **Paseos en pony:** 6 €, 30 minutos (acompañado de un instructor).
- **Recorridos a caballo:** precio cerrado de 30 €, recorridos de 2 h por el campo con diferentes itinerarios, acompañados de un guía-monitor.

Todas las semanas: jueves (tarde), viernes, sábados y domingos (mañanas).

¡VEN A DISFRUTAR CON NOSOTROS! ¡NO TE ARREPENTIRÁS!

- **Clases de equitación:** 20 € la hora. También bonos de 10 clases a 150 €. Descuentos para grupos a partir de 8 personas. Monitores especializados.
- **Acercamiento a los animales:** conocer al caballo, acariciarlo, peinarlo, darle de comer, primeras montas (especialidad para personas con discapacidades psíquicas y físicas). Precios populares.
- **Simulador (caballo mecánico):** muy divertido.

Disponemos de un servicio de cuadras donde alojar y cuidar tu propio caballo o pony.

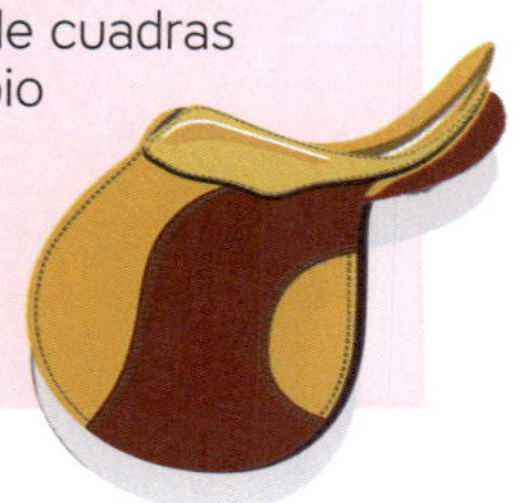

Abierto de martes a domingo de 10,00 a 19,00 horas.

1. Indica qué opción resume lo que se oferta en este cartel:
   - ☐ Clases de equitación.
   - ☐ Actividades para montar a caballo.
   - ☐ Todas las actividades del pony-club.

2. ¿Cuántas actividades diferentes se anuncian? ________ ¿En cuáles no se sabe el precio?

   ____

3. ¿Qué días y en qué horas puedes disfrutar del pony-club?

   ____

4. ¿Cómo se pueden conseguir precios más baratos en las clases?

   ____

5. Si fueras al pony-club, ¿qué actividad de las ofertadas te gustaría hacer?

   ____

6. ¿Anuncian algún servicio extra, además de las actividades? Explícalo.

   ____

- Completa el resumen del capítulo que has leído utilizando las palabras de cada cuadro. Luego, redáctalo en tu cuaderno y lo comentas con tus compañeros.

clase	fingiendo	cuenta
ayudarles	biblioteca	descubrió
juego	hablar	preparado

Muro	apagón	estelar
momento	sucedido	pedirle
conexión	pasado	realmente

Irache

Volvió a ______ sin ______ Pero estaba ______ y Saturno se dio ______ y descubrió su ______ Ella y Modesto lo habían ______ Quedaron en la ______ Máximo Grande los ______ y prometió ______

que hizo dudar a ______ se produjo un ______ pero en ese ______ Al sur del ______ había ______ Ella contó lo que ______ que les contara lo que había ______ con Laura y ______ para establecer una ______

Fueron a buscar la puerta → ______

Deduce el significado

Busca estas palabras en las páginas del libro que se indican para averiguar su significado. Luego compruébalo en el diccionario. Si es necesario lo puedes redactar debajo. Evalúa tus aciertos.

- Consternado (página 120) ☐ ☐
- Percatarse (página 122) ☐ ☐
- Inconexa (página 126) ☐ ☐
- Regodearse (página 131) ☐ ☐
- Aplacar (página 133) ☐ ☐
- Engullir (página 137) ☐ ☐

____

____

Texto numerado

Lee el texto numerado y escribe en qué líneas están las palabras indicadas. Haz lo mismo para responder a las siguientes cuestiones:

Al día siguiente, la profesora Rosa entró a clase exhibiendo una amplia sonrisa. —Irache ha recibido el alta médica. Los doctores han dicho que por fin está recuperada. Todavía no habla, pero a veces afirma y niega con la cabeza cuando se le pregunta. —¿Cómo que no habla? —interrumpí a Rosa, asaltado por un súbito impulso. —El día que la visité lo hizo. Habló conmigo. —¿De eso sí te acuerdas? —puso en duda mis palabras la cursi de Plutonina. —¡Ya nadie se cree tus mentiras, Saturnino! —reconocí la áspera voz de Abelardo. —Tal vez deliraba —argumentó la profesora con escasa convicción. —Entiendo que estés consternado, Saturno, pero hay que saber encajar las decepciones. No sabemos el tiempo que Irache puede continuar en ese estado, así que os pido que seáis pacientes.

- cabeza: _____ • duda: _____ • clase: _____ • profesora: _____ • continuar: _____
- recibido: _____ • encajar: _____ • conmigo: _____ • argumentó: _____ • súbito: _____

1. **¿Está Irache recuperada?** ______________________________
2. **¿Quién puso en duda las palabras de Saturno?** ______________________________
3. **¿Qué tenía que saber encajar Saturno?** ______________________________

Verdadero o falso

- Vuelve a leer el texto de la página anterior y responde si es verdadero (V) o falso (F) en cada caso.

	V	F
La profesora entró a clase muy seria.		
Irache seguía hospitalizada.		
Todavía la enferma no habla, pero se está recuperando.		
Afirma y niega cuando se le pregunta.		
Saturno confirmó lo que dijo Rosa.		
Plutonina le dio la razón a Saturno.		
Abelardo no creía las mentiras.		
La profesora dijo que Irache deliraba.		
Saturno sabía encajar las decepciones.		
Rosa les pidió que fuesen pacientes.		

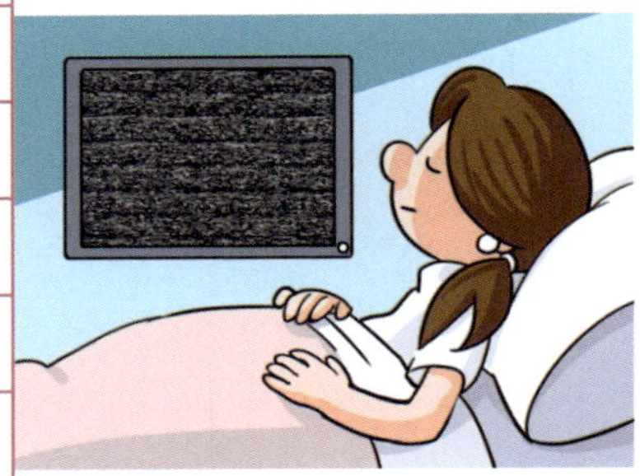

Argumentos

- En el capítulo que has leído, Irache se hace la enferma y no puede hablar para conseguir sus fines. Escribe tres argumentos a favor y tres en contra sobre su comportamiento.

- **A favor:**

  ☺ ______________________________

  ☺ ______________________________

  ☺ ______________________________

- **En contra:**

  ☹ ______________________________

  ☹ ______________________________

  ☹ ______________________________

Verbos, nombres y formas

Completa los dos primeros cuadros con las palabras que faltan. En algunos tendrás que escribir el nombre a partir de la acción, y en otros, la acción a partir del nombre. Cuando lo tengas completado, construye una frase con la palabra que hayas escrito.

VERBOS	SUSTANTIVOS	ORACIONES
golpear		
	conductor	
	prueba	
descubrir		
	molestia	
oler		
	aplauso	
descansar		
	broma	
reflexionar		

Cada oveja con su pareja

Las palabras de las columnas sombreadas están escritas al revés en las columnas sin sombra. Relaciónalas poniendo la letra correspondiente.

A. morena	_____ arutla	A. utilizar	_____ setreuf
B. espiga	_____ airotciv	B. terminar	_____ sotneimip
C. bandido	_____ onimac	C. imprudente	_____ amnuloc
D. altura	_____ alotsip	D. fuertes	_____ albairav
E. albañil	_____ ajerap	E. posibles	_____ ranimret
F. victoria	_____ otejbo	F. pimientos	_____ dadivaus
G. pareja	_____ odidnab	G. columna	_____ osoivren
H. pistola	_____ anerom	H. variable	_____ anisolog
I. camino	_____ rotnitxe	I. suavidad	_____ razilitu

Familias de palabras

- En cada serie se han colado tres palabras que no tienen que ver con el resto. Subráyalas.

Pan	panera, patear, empanar, panadero, panadería, panal, panificadora, empanadilla, panear, pana.
Flor	florido, florisco, florista, florero, foto, floral, aflorar, florecer, floricultura, enflorar, folículo, floripondio.
Árbol	arboleda, arbóreo, albúm, arbolito, arbusto, enarbolar, desarbolar, arboricultura, arbolero, arbatros.
Punto	puntada, puntero, imputar, apuntar, puntería, punta, despuntar, despintar, puntazo, pintora,
Fruta	frutero, frutal, fluctuar, fructífero, frutería, fruturo, fruticultura, frutícola, afrutado, frutentar, desfrutar.

Palabras y números

- Escribe los números que corresponden a las palabras y las palabras que corresponden a los números según los recuadros que aparecen debajo.

______: palmeral ______: años ______: lengua ______: sombría

______: actitud ______: culpa ______: cien ______: eterno

476: ______ 901: ______ 148: ______ 216: ______

987: ______ 777: ______ 629: ______ 285: ______

sonrisa	699
exhibir	258
actitud	501
distante	657
sombría	164
avance	901
cortejo	940
silencio	541
calma	552
jornada	285
lengua	963
caldo	737

actriz	146
shock	753
edificio	364
planta	655
entrada	216
callar	768
comedor	476
frase	846
años	831
izquierda	929
mesas	504
lecciones	148

ramas	123
salvación	987
palmeral	424
fingía	555
hospital	300
comprobar	599
oxígeno	629
ocultar	777
regresar	234
culpa	117
eterno	908
cien	222

Lee a tu alrededor: un *ticket* de compra

Lee este *ticket* con atención y responde luego a las preguntas.

GRANDES ALMACENES EL PALMERAL

(El Palmeral S.A. NIF 30733085. Calle Hermosilla, 9 Mega-Ciudad)

DOCUMENTO DE VENTA

Descripción	Cantidad	Importe
Frigorífico JUNO mod. GBB 530 PZ	1	729,00€
Cafetera Expreso NESTIFI mod.CF 406	1	75,90€

TOTAL COMPRA IVA INCLUIDO **804,90€**

ABONADO EN EFECTIVO

Fecha de compra: 11/11/2021 Hora: 14,24 h

Le atendió: Alexio Júpiter

PENDIENTE DE ENVÍO

CAMBIOS Y DEVOLUCIONES:

Dispone de 15 días desde la entrega, incluyendo accesorios, documentación y embalaje original. No se admiten cambios si el producto está deteriorado por el mal uso o accidente en el domicilio del comprador.

1. **¿Qué tipo de producto se ha comprado?**
   a. comestibles b. electrodomésticos c. productos de hogar
2. **¿Cómo se ha pagado la compra?**
   a. con dinero b. con tarjeta de crédito c. a plazos
3. **¿Se pueden devolver los productos? ¿De qué forma?**
   ____
4. **¿Cuál es el significado de las siglas NIF?**
   a. No Funciona b. número de serie c. número de identificación fiscal
5. **¿Para qué lleva un código de barras?**
   a. para dar colorido b. por si se pierde c. para ser leído electrónicamente
6. **¿Qué día se realizó la compra?** ______________________________
7. **¿Para qué se deben guardar los *ticket* de compra?** ______________________________

Capítulo 7 Concaseína inyectable

Señala la respuesta correcta.

1. **Al abandonar la puerta estelar...**
   a. corrieron a contar lo ocurrido.
   b. los observaban desde una cámara.
   c. los siguieron con un láser.
2. **La Mega Hecatombe sirvió para...**
   a. decidir el futuro del mundo.
   b. acabar con la mitad de la población.
   c. dividir a la población mundial.
3. **¿Cuál era la diferencia entre la concaseína gaseosa y la inyectable?**
   a. La última era más potente.
   b. Era más potente la concaseína gaseosa.
   c. Eran iguales.
4. **Saturno pidió ayuda a...**
   a. Roy.
   b. Su padre.
   c. Máximo Grande.
5. **¿Dónde quedaron para escapar?**
   a. En El Palmeral.
   b. En la estación del tren relámpago.
   c. En el edificio de la puerta estelar.
6. **¿Cómo apartó Irache al guardián?**
   a. Lanzándose con su silla aerostática.
   b. Amenazándolo con su silla.
   c. Con una inyección.
7. **Para despistar a los guardias...**
   a. se cambiaron de estación.
   b. se pusieron máscaras.
   c. se cambiaron de ropa.
8. **Roy se sentía más animado...**
   a. desde que se le estropeó el aparato de oxígeno.
   b. desde que se encontró con los chicos.
   c. desde que no tomaba cola-plus.
9. **¿Cuál era el producto más aceptado de los kioscos de chucherías?**
   a. El regaliz salado.
   b. El oxígeno de sabores.
   c. Las barritas dulces.
10. **Irache, para hablar con Laura...**
    a. haría una llamada de pensamiento.
    b. usaría una video-llamada.
    c. estaba dispuesta a cruzar el Muro.
11. **¿Con qué abrió Máximo Grande la puerta del Muro?**
    a. Con su llave magnética.
    b. Con su acreditación electrónica.
    c. Con un hacha.
12. **¿Qué llevaban los guardias para detenerlos?**
    a. Pistolas paralizantes.
    b. Esposas.
    c. Inyecciones de líquido azulado.
13. **Roy los rescató con...**
    a. un coche espacial.
    b. una nave Mininautilus.
    c. su padre en el tren relámpago.
14. **¿Dónde había aprendido a pilotar?**
    a. En los simuladores de su ciudad.
    b. Con su padre en el tren relámpago.
    c. En los simuladores del Gigante.
15. **¿Cómo despistó Saturno a los perseguidores?**
    a. Con una cortina de humo.
    b. Con el truco que le enseñó su padre.
    c. Saliendo por otra calle.
16. **Para no alertar sobre su presencia...**
    a. avanzaron de noche.
    b. avanzaron silenciosamente.
    c. avanzaron con la iluminación desconectada.
17. **¿Quién abrió la puerta del Muro?**
    a. Máximo Grande.
    b. Saturno.
    c. Roy.
18. **¿Cómo bloquearon la puerta?**
    a. Golpeándola con un extintor.
    b. Con una llave magnética.
    c. Con una barra de hierro.
19. **¿Qué les gritó Máximo Grande?**
    a. ¡Tened mucho cuidado!
    b. ¡Suerte muchachos!
    c. ¡Buen viaje!
20. **En la zona norte, un cartel decía...**
    a. Buen viaje.
    b. Prohibido el paso.
    c. Peligro de muerte.

Deduce el significado

Busca estas palabras en el libro y marca con una cruz el significado correcto.

- Alarde (página 151)
  - ☐ Señal de alerta por algún peligro.
  - ☐ Desfile militar.
  - ☐ Muestra o exhibición de algo.
- Chapucero (página 154)
  - ☐ Realizado sin cuidado y toscamente.
  - ☐ Que hace chapas de metal.
  - ☐ Persona muy terca y testaruda.
- Inaudita (página 165)
  - ☐ Nunca oído, sorprendente y asombroso.
  - ☐ Que no oye nada.
  - ☐ Súbdita de un jeque árabe.
- Paulatina (página 167)
  - ☐ Que actúa despacio y de forma gradual.
  - ☐ Persona que habita en un gran palacio.
  - ☐ Diminutivo de Paula.
- Perfilarse (página 167)
  - ☐ Ponerse de perfil en las fotos.
  - ☐ Empezar una cosa a tomar forma y tomar un aspecto más claro.
  - ☐ Tomarse medidas para hacerse ropa nueva.

Atención a los detalles

Observa los detalles de este dibujo con atención y pasa la página.

Haz memoria

- **Recuerda el dibujo de la página anterior y señala con una cruz las seis frases que lo describen correctamente:**

	Van seis personas en la nave.
	Roy, con su pelo rubio, va pilotando.
	Máximo Grande (el adulto) va pilotando.
	Nadie los persigue.
	El color de la nave es azul plateado.
	La nave lleva dos propulsores.
	La plaza está totalmente vacía de personas.
	Los persiguen dos naves con guardianes.
	Los chicos visten con monos azules.
	Los guardianes les disparan desde lejos.

Cuestión de lógica

- **Lee las pistas, averigua el nombre de cada una de las naves y escríbelo.**

1. La nave Magallanes-4 es más grande que el Transbordador.
2. Las naves Nautilus-C y el Transbordador tienen el mismo color y tamaño.
3. La nave Júpiter-2 está a la izquierda del Transbordador.
4. La otra es la Mininautilus.

Reconstruye las oraciones

Elige las palabras adecuadas en cada recuadro para formar dos oraciones. Escríbelas debajo.

No esperaba • los buenos. • esto de • tarde para • pasarse
Es un poco • señor Grande. • usted, • al bando de

Este es • directamente • de hablar. • el plan • antes
Irache • de la historia. • más chapucero • me miró

Sopa de letras

Localiza en esta sopa de letras el nombre del protagonista del libro. Con las letras que sobren, forma una oración del capítulo.

S	S	N	O	S	S	S	S	O	O	S	S
E	A	S	N	A	A	A	A	N	T	A	A
A	T	T	R	T	T	T	T	R	N	O	T
B	U	S	U	U	U	U	U	U	E	R	U
O	R	O	T	R	R	R	R	T	V	A	R
N	N	N	A	N	N	N	N	A	N	O	N
R	O	R	S	O	O	O	O	S	D	N	O
U	O	U	S	A	T	U	R	N	O	R	D
T	E	T	O	N	R	U	T	A	S	U	S
A	S	A	T	U	R	N	O	D	E	T	U
S	N	S	A	C	O	N	R	U	T	A	S
A	M	A	R	O	N	R	U	T	A	S	A

N.º de veces: ______

Palabras diferentes

- En cada grupo de palabras hay una que no guarda relación con las demás. Subráyala.

inaudito insólito asombroso intolerante increíble sorprendente	chapucero torpe chamizo manazas inepto desmañado	recalar susurrar arribar llegar fondear entrar	consentimiento fascinación atracción seducción encantamiento embeleso
alarde jactancia vanagloria ronroneo pavoneo ostentación	escrutar escuchar comprobar verificar averiguar explorar	lamentable responsable triste penoso deplorable desagradable	paulatino gradual escalonado pintoresco sucesivo pausado

Palabras repetidas

- Escribe las palabras que se repiten en cada columna y cuántas veces lo hacen.

A	B	C
tomo	lobo	sonrisa
toro	loba	sano
loro	lola	cien
soro	loca	cara
como	losa	cata
loro	lobo	peine
tomo	lupa	sonrisa
como	limpio	dura
tomo	lobo	pino
lomo	losa	cien
loro	loca	sonrisa
mono	luca	cien
loro	losa	peine
tomo	lobo	pato
lado	lista	pesca
como	lio	sonrisa
pico	lugar	nuevo
tomo	loca	sano
loro	lazo	pieza
tomo	lote	sonrisa

A
_______________ _______
_______________ _______
_______________ _______

B
_______________ _______
_______________ _______
_______________ _______

C
_______________ _______
_______________ _______
_______________ _______

Lee unas instrucciones: el juego del parchís

Lee las instrucciones de este juego y contesta después a las preguntas:

- Cada jugador dispone de 4 fichas del mismo color (amarillas, rojas, verdes y azules) y un dado de seis caras. Se juega en un tablero en forma de cruz de 68 casillas numeradas, de las cuales 12 son seguras porque cualquier ficha se puede desplazar por ellas
- Cada jugador dispone de 7 casillas de llegada y una meta (casilla de mayor tamaño situada en el centro del tablero) por las que únicamente pueden desplazarse sus fichas y que están marcadas con su color.
- El objetivo es ser el primero en mover las cuatro fichas, desde el punto de partida o casa a la meta, antes que los otros jugadores.
- Todos inician el juego con las fichas en sus respectivas casas. Los jugadores podrán sacar una ficha de su casa solo cuando obtengan un 5. El jugador podrá mover las fichas que tiene en juego lanzando el dado.

- Cada jugador está obligado a mover una de las fichas tantas casillas como indique el dado. Si el jugador saca un 6 podrá repetir turno. Si no hay opciones para realizar movimientos, el jugador debe ceder el turno.
- Si dos fichas del mismo color coinciden en la misma casilla se forma un puente que impide el paso a cualquier ficha. Si el jugador que tiene sus fichas formando un puente saca un 6 en su turno, está obligado a abrir la barrera, o sea, mover una de las fichas si es posible.
- Otra situación que se plantea en el parchís son las capturas: para comer la ficha de un contrario se debe caer en la misma casilla siempre y cuando no sea una de las casillas seguras. La ficha comida retornará a su casa y el jugador que ha conseguido la captura deberá avanzar una de sus fichas 20 casillas siempre que le sea posible.

Fin del juego

- Una ficha entra a la meta con un número exacto de casillas obtenido con el dado. Si el número no es exacto, tendrá que retroceder las casillas que le faltan. Además, el jugador que mete una ficha en la casa avanza 10 casillas con alguna de sus otras fichas.
- Gana el jugador que primero mete sus 4 fichas en la meta.

1. **Si están todos los jugadores, ¿cuántas fichas habrá en total?** ____________________

2. **Los colores de las fichas serán...** ____________________

3. **¿Cuándo se puede salir de la casa?** ____________________

4. **¿Cómo se forma un puente?** ____________________

5. **Explica cómo se realiza una captura (comer una ficha) y qué consecuencia tiene para el que lo realiza.**

____

____

6. **¿Cuándo termina el juego?**

____

Señala la respuesta correcta.

1. **¿Qué les gritó el guardia a los chicos?**
   a. ¡Quietos, no os mováis de ahí!
   b. ¿De dónde habéis venido?
   c. ¡Quitad esa nave de ahí!
   d. ¡Tenéis dos minutos para mover esa nave!

2. **Los chicos habían amanecido en...**
   a. un mercadillo de libros.
   b. un mercado de robots.
   c. una plaza pública.
   d. mitad del desierto.

3. **¿Qué parecía el empleado de información del túnel?**
   a. Un espagueti con acné y chepa.
   b. Un *macarroni* con tomate.
   c. Un fideo con acné y chepa.
   d. Un chico muy elegante.

4. **Laura era...**
   a. la encargada del túnel interestelar.
   b. la encargada de la puerta estelar.
   c. la hija del encargado de la puerta.
   d. la hermana de Roy.

5. **¿Qué debía saber Laura por medio de los chicos?**
   a. Que había traidores en el norte del Muro.
   b. Que tenía que salvarlos.
   c. Que el norte y el sur eran iguales.
   d. Que al sur del Muro vivían millones de personas.

6. **La abuela le dijo a Laura que los chicos eran unos...**
   a. delincuentes.
   b. fugados.
   c. testigos.
   d. extraterrestres.

Señala si estas afirmaciones son verdaderas (V) o falsas (F):

	V	F
Como consecuencia de los disparos, la nave dejó de funcionar.		
Saturno comprendió que las personas son capaces de cambiar y sorprenderte.		
El túnel intermolecular se llamaba Vía Láctea.		
El túnel intermolecular era un servicio de pago.		
No se podía utilizar la puerta sin la compañía de un adulto.		
Laura es la hija del Regidor del pueblo.		
La abuela de Laura se llama Nívea.		
El pueblo de Laura era un lugar desértico.		
Los chicos estaban sorprendidos del paisaje.		
Nadie murió en la Megahecatombe.		
Laura sabía que los chicos venían de una estación espacial.		
Había 7 mega-ciudades en el norte.		
Los chicos intuían que se dirigían a la guarida del lobo.		
Irache le susurró algo al oído a Laura antes de marcharse.		

Deduce el significado

Busca las palabras de la columna izquierda en la página del libro que se indica para averiguar lo que significan. Luego marca con una cruz el significado correcto.

- Ultrasónicos (página 171)
  - ☐ Sonidos de mucha frecuencia de vibración.
  - ☐ Que son muy llamativos y de variados colores.
- Loma (página 176)
  - ☐ Con la loma del cerdo se fabrican embutidos.
  - ☐ Esa loma está muy poco elevada.
- Acné (página 179)
  - ☐ Me recetaron una crema contra el acné.
  - ☐ Nos gusta mucho el acné en las comidas.
- Chepa (página 179)
  - ☐ Hay una chepa en la puerta de la casa del médico.
  - ☐ Ese chico tiene chepa de tanto encorvarse.
- Tropel (página 182)
  - ☐ Los alumnos salieron en tropel de la clase.
  - ☐ Un tropel de autobuses llevaron a los aficionados.
- Perplejo (página 187)
  - ☐ Me quedé perplejo al ver mis notas.
  - ☐ Me regalaron un perplejo para tocar el tambor.

Columnas

Lee estas palabras siguiendo la línea central e intenta recordarlas.

lado	nave	lento
muro	suelo	horas
motor	mirar	piloto
gente	caldillo	sueño
pulgas	cambiar	cabeza
exterior	guardián	tornillo
cortinas	gracioso	avance
atención	tonterías	dormido
bordillos	párpados	tortugas
amistoso	pequeñaja	cuaderno
castañas	compañera	chaqueta
bandejas	asombrado	venganza
delicadeza	precipitadas	emergencia

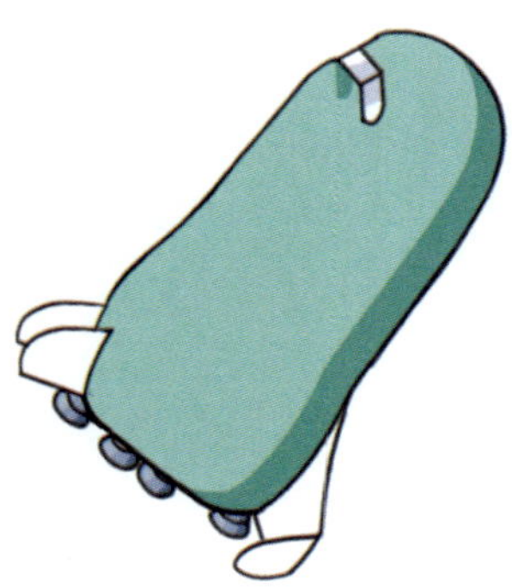

Memoria visual

9

- Subraya las nueve palabras que se encuentran en las columnas del ejercicio anterior.

sol	muro	nave
calor	móvil	letras
horas	radio	ovejas
maleta	caballo	guardián
planta	pantalla	peluquín
cohete	cortinas	cuaderno
cabeza	cuaderno	sombrero
cometa	televisión	ordenador
bordillos	compañera	cabezadas
marcianos	gamberrada	encontraban

El título

- Inventa un título para este fragmento del texto y explica tu decisión.

> En aquel momento, la abuela de Laura realizó una señal a los agentes, quienes nos arrastraron hasta la terminal del túnel intermolecular.
> Cuando aquella anciana introdujo las coordenadas de nuestro destino, ni Modesto, ni Roy, ni Irache o yo intuíamos que nos dirigíamos directamente a la guarida del lobo.

- **Título:**

____

- **¿Por qué lo has elegido?**

____

____

____

Completa las frases

Completa las siguientes frases con los verbos de los recuadros de la derecha. Escribe la forma adecuada del verbo según el sentido de la frase. Observa el ejemplo.

- A pesar de que nos movíamos a paso de tortuga bajo la luz de la luna, la nave ____________ su lento avance durante bastantes horas. El sueño me ____________ en varias ocasiones y después de algunas cabezadas ____________ el asiento de piloto con Roy.

Mover
mantener
asaltar
intercambiar

- El agente del bigotito ____________ a abrir la puerta cuando, Irache, ____________ una brusca derrapada. ____________ que su respaldo chocase contra la puerta y que el policía...

empezar
realizar
lograr

- El encargado ____________ el mostrador con la intención de detenernos. A la vez, ____________ que los agentes ____________ con tanta violencia la puerta de entrada...

abandonar
comprobar
embestir

- Modesto ____________ el primero en decidirse. Al cabo de cuatro pasos, ____________ tras el círculo giratorio de luces del túnel. Roy y yo ____________ a correr tras él.

ir
desaparecer
empezar

- –Sin la compañía de un adulto no ____________ utilizar el túnel –____________ al ver que Irache se aproximaba hasta el sensor de voz que ____________ junto al enorme círculo negro.

poder
aclarar
haber

Solo con los ojos

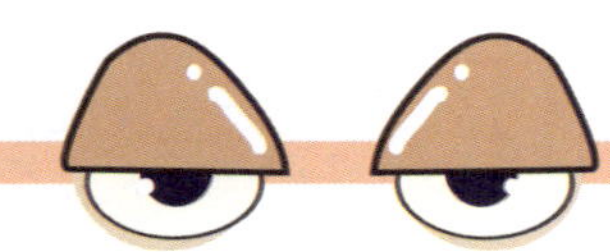

Busca y escribe lo antes posible las veces que se repiten las letras o números que se indican en cada recuadro.

1	9	7	3	6	2
3	2	8	2	8	1
7	1	0	8	7	5
2	1	9	7	8	0
0	6	9	3	1	2
7	5	6	3	0	9

8: ________ 3: ________

6: ________ 7: ________

d: ________ f: ________

z: ________ n: ________

q	n	a	n	d	p
r	Z	l	k	b	y
k	M	n	f	z	s
h	n	s	f	g	w
f	a	d	O	n	ñ

Expresiones

Relaciona cada expresión con su explicación. Luego, escoge tres de ellas y escribe una oración con cada una. Compártelas con tus compañeros.

1. Estar hecho un flan.	☐ Sin orden ni concierto, desordenadamente.
2. Al unísono.	☐ Dejar de tratar a alguien, huir de él.
3. Perder los estribos.	☐ Encontrarse muy nervioso o asustado.
4. A tontas y a locas.	☐ A la vez.
5. Ver los cielos abiertos.	☐ Con el traje de gala, bien vestidos.
6. De tiros largos.	☐ Quedarse con las ganas de hacer algo.
7. Dar de lado.	☐ Enfadarse mucho.
8. Con la miel en los labios.	☐ Presentarse una ocasión favorable.

- ______________________
- ______________________
- ______________________

Palabras diferentes

En estas columnas hay parejas de palabras que son iguales y otras distintas. Subraya, en las columnas B y D, las palabras que sean diferentes.

A	B
susurro	susurro
abrazo	atajo
túnel	túnel
manos	monos
invitados	invitados
silencio	sitio
pupila	pelona
archivo	archivo
pinos	pinos
aroma	arado
ciervo	cuervo
palabra	palabra
perplejo	complejo
asombro	asombro
pueblo	puedo

C	D
pelo	palo
largo	largo
negro	negro
chocar	chocar
suelo	suela
tiempo	tiempo
controlar	comprobar
alcanzar	alcanzar
exterior	interior
morena	morena
tropel	tropel
escalón	escalera
silla	silla
agentes	agosto
bigotito	bigotito

Lee a tu alrededor: nuestro Sistema Solar

Mira con atención el mapa de nuestro Sistema Solar y contesta:

1. Nombra los 8 planetas del Sistema Solar por orden de proximidad al Sol.

2. ¿Qué planeta presenta un anillo gaseoso a su alrededor? ¿Cuál es el mayor planeta?

3. ¿Entre qué planetas se encuentran los asteroides? ¿Cuál es el asteroide de mayor tamaño?

4. Nombra un planeta enano situado detrás del Sistema Solar.

5. Aparece, además, en las imágenes algún elemento conocido. ¿Cuál?

Señala la respuesta correcta:

1. La sala donde los recibió Rufius Raimus era...
   a. una reproducción de la catedral.
   b. una reproducción de la capilla Sixtina.
   c. una reproducción de la torre Eiffel.
2. El gran problema de la Tierra era...
   a. la contaminación.
   b. la falta de oxígeno.
   c. la superpoblación.
3. ¿Por qué cambió ese sentimiento?
   a. Supremos 11.
   b. Supremos 13.
   c. Superiores 22.
4. Irache sabía que...
   a. los satélites estaban trucados.
   b. no existía ninguna puerta estelar.
   c. no había ocurrido ningún desastre nuclear.
5. ¿Quién era el prisionero que arrastraban los guardias?
   a. Odín Black.
   b. Máximo Grande.
   c. Un fugitivo.
6. ¿Cómo controlaban a las personas?
   a. Dándoles concaseína.
   b. Amenazándolos.
   c. Dándoles cola-plus.
7. El resultado era personas...
   a. obedientes y sumisas.
   b. con el Sueño Eterno.
   c. asustadas.
8. ¿Qué era una mentira más?
   a. La falta de oxígeno.
   b. La vida en el planeta.
   c. El Sueño Eterno.
9. La explosión de la planta de oxígeno del día de la llegada...
   a. ocurrió realmente.
   b. fue un montaje.
   c. fue un accidente.
10. ¿A qué llamaban el *líquido azulado*?
   a. A una bebida energética.
   b. A la cola-plus.
   c. A la concaseína líquida.
11. ¿Quién llegó a detener a Rufius Raimus?
   a. El padre de Laura.
   b. La abuela de Laura.
   c. Los guardianes.
12. ¿Cómo se enteraron de lo que pasaba?
   a. Por el padre de Laura.
   b. Por la abuela de Laura.
   c. Por el teléfono interactivo de Laura.
13. En realidad Irache había estado...
   a. muy asustada.
   b. grabando todo el tiempo.
   c. llamando a su amiga.
14. La Regidora Nivae era...
   a. la jefa de policía.
   b. la Comendadora del Sur.
   c. la abuela de Laura.

15. ¿Qué ocurrió con los poderosos supremos?
   a. Fueron condenados a muchos años de cárcel.
   b. Fueron encerrados en prisión hasta el jucio.
   c. Fueron desterrados del planeta.
16. ¿Qué hicieron con el Muro?
   a. Fue incendiado.
   b. Lo derribaron los habitantes del Sur.
   c. Fue desmantelado.
17. El mundo entero había estado viviendo...
   a. en un perverso engaño.
   b. en muy poco espacio.
   c. con muy poco oxígeno.
18. ¿Cómo despertaron los niños del Sueño Eterno?
   a. Al retirarles el oxígeno con concaseína.
   b. Cuando sus padres descubrieron la verdad.
   c. Con una inyección del líquido azulado.
19. Laura invitó a los chicos...
   a. a una fiesta en su casa.
   b. a pasar unos días en la playa.
   c. a dar un paseo por el campo.
20. ¿Cómo le ganó Saturno la carrera a Irache?
   a. Agarrándola de su silla.
   b. Corriendo más que ella.
   c. Engañándola con las medusas.

Deduce el significado

Busca cada palabra en la página del libro que se indica y averigua su significado. A continuación aparece la definición de cada palabra, pero desordenada. Escríbela debajo correctamente.

- Cerciorarse (página 193): cosa una de verdad la Asegurar

- Socarrona (página 194): disimulo ironía e que se Persona burla con

- Osada (página 194): imprudente e audaz Atrevida,

- Doblegarse (página 197): un a propósito Renunciar

- Jocoso (página 201): chistoso, divertido y Gracioso, festivo

- Lacayo (página 202): bajo Servil, rastrero y

Como un espejo

Lee este texto en espejo y contesta a las preguntas.

Irache, Modesto, Laura, Roy y yo mantuvimos una diferencia muy igualada y alcanzamos la
recta final con todo por decidir. Entonces, Irache simuló perder el control. Los cuatro nos
vimos obligados a frenar para evitar la colisión. Una vez que logró suficiente ventaja, como
por arte de magia, enderezó el rumbo de nuevo.

—¡Irache! –grité con voz alarmada–. ¡Cuidado con las medusas!

Al escuchar aquello, mi amiga sufrió un brusco sobresalto. Bajó la mirada con ojos histéricos
y frenó bruscamente.

1. ¿Quiénes eran los participantes?

2. Los cuatro frenamos para evitar...

3. Grité con voz alarmada...

4. ¿Qué hizo Irache al escuchar aquello?

Memoriza los títulos

- Tienes dos minutos para intentar memorizar el nombre de los capítulos que encontrarás en el índice del libro. Luego, ciérralo y tacha los que no coinciden.

La puerta estelar de Capital Federal
Al filo de lo imposible
Un sitio ideal
La enfermedad de Irache
La puerta de la Capital del Norte
La Muralla
Concaseína inyectable
Misión rescate
Capital Sur Reynos Ruis
Misión imposible
Rumbo a un nuevo hogar
El Muro
Rufius Raimus
El regreso de Irache
Al otro lado del Muro
La Tierra en el año 2270
Contenido inyectable
La Tierra en el año 2107

Argumenta las decisiones

- Recuerda el capítulo que has leído y responde a las preguntas:

1. Irache decide conectar su teléfono con el de Laura. ¿Por qué crees que lo hace?

2. ¿Crees que sabía lo que iba a ocurrir? Argumenta tu respuesta.

3. ¿Por qué crees que no se lo dijo a sus compañeros?

4. ¿Qué habrías hecho tú en la misma situación? Arguméntalo.

Nombres, adjetivos y verbos

Completa esta tabla con los nombres, acciones y cualidades que faltan. Luego compárala con la de tus compañeros.

Nombres	Adjetivos	Verbos
Conversación	Conversador	Conversar
Descubrimiento		
	Valiente	
		Molestar
	Torpe	
Traición		
		Conversar
Diferencia		

¿Cuántas veces?

Cuenta las veces que se repiten en estas palabras los grupos de letras que se indican abajo.

pompa, bambú, campo, grave, vive, topo, campanilla, también, olvidase, campana, tiempo, casa, empezó, suavidad, portal, aviso, comprobó, empotrado, alfombra, saca, bueno, embalse

CA: ________ MB: ________ MP: ________ PO: ________

Vocabulario

- **Usa las sílabas que tienes para formar palabras. Cuando te asegures de conocer su significado, escribe cada una en el lugar que le corresponde.**

CO SO JO	RRO CA SO NA	ÑA MA TI AR	PLE RI TÓ CA	SA DA O	BLE DO GAR SE

- Irache no parecía dispuesta a ________________.
- El tono atrevido le produjo una risotada ________________.
- Me gusta la gente ________________, dijo Rufius Raimus.
- Estoy a punto de llorar, dijo en tono ________________.
- Es una ________________ de lo más ruin.
- Envueltos por una sonrisa ________________ nos fundimos en un abrazo triunfal.

Texto numerado

- **Lee este texto e indica en qué líneas están escritas las siguientes palabras. Ten en cuenta que pueden aparecer en más de una línea.**

1. Nos pareció una excelente idea
2. desaparecer una temporada para dejar
3. que las aguas volvieran a su cauce.
4. A la vuelta, nuestros padres tratarían
5. de encontrar a los descendientes de
6. nuestros familiares, y buscar un
7. lugar desde el que comenzar de
8. cero.
9. Intenté no forjarme demasiadas
10. ilusiones con aquel pueblecito junto
11. al Mediterráneo al que nos había
12. invitado Laura.
13. Por fortuna, una vez que pusimos
14. el pie en él, descubrí que la realidad
15. lograba superar todas mis
16. expectativas. Poseía playas
17. kilométricas de arena fina y dorada.
18. Sus casas encaladas parecían
19. sacadas de un cuento de sirenas
20. y príncipes. Y lo mejor de todo:
21. podías bañarte en sus aguas sin
22. miedo a que un regimiento de
23. medusas venenosas acabara
24. con tu vida.

- bañarte: ☐
- familiares: ☐
- arena: ☐
- pie: ☐
- cauce: ☐
- fortuna: ☐
- vuelta: ☐
- ilusiones: ☐

- **Busca lo más rápido posible las palabras que cumplen las siguientes condiciones:**

→ Contienen la letra *b:* ________________

→ Comienza por *h:* ________________

Lee a tu alrededor: una noticia de prensa

Lee atentamente esta noticia relacionada con una demanda importante del Parlamento Europeo y luego responde a las preguntas.

El Parlamento Europeo pide medidas urgentes para reducir a la mitad el despilfarro de alimentos de aquí a 2050

El Parlamento Europeo ha reclamado medidas urgentes para reducir a la mitad de aquí a 2050 el despilfarro de alimentos en la Unión Europea.

La mitad de los alimentos que se compran se tiran al año en el conjunto de la Unión Europea, donde, sin embargo, viven 79 millones de personas por debajo del umbral de la pobreza y 16 millones dependen de la caridad.

Cada europeo produce 179 kilos de residuos alimentarios al año, lo que supone un total de 89 millones de toneladas en el conjunto de los Estados miembros en la actualidad, aunque el Ejecutivo comunitario prevé que estos aumenten de aquí a 2020 si no se toman medidas para evitarlo hasta los 126 millones de toneladas. Al menos el 60 % del despilfarro producido por particulares podría evitarse, según estimaciones de Bruselas.

En su informe, los eurodiputados sugieren medidas para solucionar este problema, como cambiar el tamaño de los envases para permitir al consumir comprar cantidades de alimentos más adecuadas a sus necesidades.

También piden que se aclare a los consumidores las instrucciones de etiquetados como *consúmase preferentemente antes del* y *fecha de caducidad,* con objeto de aclarar hasta cuándo se pueden consumir.

Igualmente, sugieren la posibilidad de autorizar a los comerciantes que bajen el precio de los alimentos frescos cuando estén próximos a la fecha de caducidad con el fin de reducir a la mitad los alimentos no vendidos que acaban en la basura.

1. ¿Qué quiere conseguir el Parlamento Europeo?

____

2. Por término medio, ¿cuántos kilos de comida tira cada europeo a la basura? ¿Y en la totalidad de la Unión Europea?

____

3. Escribe una de las medidas que propone el Parlamento Europeo para evitar el despilfarro de alimentos.

____

4. ¿Cuál es la idea fundamental del texto? Elige la respuesta adecuada.

a. Se desperdician muchos alimentos en el mundo.

b. El Parlamento Europeo quiere sacar una nueva ley para mejorar la convivencia alimenticia.

Lectura en voz alta

- **Lee el siguiente texto en voz alta. Prepara primero las preguntas.**

1. **¿Qué lectura realizas cuando lees para ti?**

   ☐ Lectura en voz alta. ☐ Lectura silenciosa.

2. **¿Cómo lees para los demás?**

   ☐ En silencio. ☐ En voz alta.

3. **¿Qué es lo más importante cuando realizas una lectura en voz alta?**

   ☐ Que entiendan tu mensaje. ☐ Entretener a los que te escuchan.

4. **Señala algunas de las habilidades que tienes que cuidar cuando lees frente a un público:**

   ☐ Postura adecuada. ☐ La escritura. ☐ Lectura silenciosa. ☐ Velocidad.
   ☐ Expresividad. ☐ Hacer reír. ☐ Pronunciación. ☐ Volumen.

- **Lee este texto en voz alta pero ten cuidado, las palabras escritas en color tienen sus sílabas desordenadas. Prepáralo muy bien antes de leerlo al resto de la clase.**

–Aquí hay que respirar más veces para obtener el mismo noxíge –dijo una voz familiar a mis espaldas, como si me hubiese leído el topensaenmi–. En los últimos noventa y dos años, el nivel de oxígeno en el aire ha nudoidismi a más de la mitad. La profesora Rosa nos acompañaba en el centro de la forplamata. Era delgada pero bastante alta. En clase resultaba muy exigente, pero a diferencia de la mayoría de adultos, no nos trataba como a niños y nos bachacues pacientemente. Máximo Grande iba en cabeza de la cinta raportranstado que nos condujo hasta un estrado al aire libre. Allí nos aguardaba una vaticomi de altos dignatarios. Me sorprendió ver que el Administrador General se abrazara efusivamente con uno de los presentes. Se trataba de Odín Black, la persona con más derpo en la Tierra. El señor Black era un hombre de gran estatura, vestía un traje oscuro caimbletemenpe planchado y exhibía una mirada altiva. Fue presentado moco Comendador del Sur, cargo que ostentaba por ser el Presidente de Conjunto 7, que como luego supe era la unión de las tesie ciudades más importantes de la Tierra.

AUTOEVALUACIÓN Me adelanto al texto antes de pronunciarlo:

☐ Siempre. ☐ A veces. ☐ ¡Nunca!

Vais a leer este texto como si fuera una representación teatral. Cada compañero/a leerá las frases que dice cada uno de los personajes. Tienes que cambiar la voz y utilizar el ritmo y la entonación adecuados. Prepáralo bien antes de leerlo en voz alta.

SATURNO.—¡Irache! ¿Se puede saber a dónde vas?

IRACHE.—Estoy dando un paseo.

SATURNO.—¿Qué mosca te ha picado? ¡Nos hemos alejado más de un kilómetro!

IRACHE.—Tú puedes regresar.

SATURNO.—¿Qué estás mirando?

IRACHE.—¿Tú que ves?

SATURNO.—Arena.

IRACHE.—¿Nada más? Inténtalo otra vez.

SATURNO.—Los veo. Esos grandes surcos de arena los han dejado naves de gran tamaño.

IRACHE.—Me alegra comprobar que tienes algo más que serrín en la cabeza.

SATURNO.—Pero la Regidora ha dicho que a veces salen al otro lado del Muro naves de mantenimiento.

IRACHE.—¡Por favor, Saturno! Nadie sabe mejor que tú los diferentes tipos de naves. Esos surcos pertenecen a...

SATURNO:—A una nave de carga. Posiblemente a un modelo Magallanes.

IRACHE.—Si al otro lado del Muro solo hay radioactividad y muerte, ¿qué es lo que trasladan a esas naves?

SATURNO.—Hay cientos de posibilidades.

AUTOEVALUACIÓN **Valora tu entonación en la lectura:**

☐ Muy buena. ☐ Buena. ☐ Suficiente. ☐ ¡Tengo que mejorar!

Lee ahora el siguiente texto subiendo o bajando el volumen de tu voz, como si fueras un vendedor o alguien que da un pregón:

¡BoqueroooooOOnes, sardiiiiiiiiiinas, calamaaaaaaares. ¡Al rico pescado freeeeeeeeeeeesco! ¡Compren la fruta más jugosa y dulce del mercaaaaaaaado! ¡Naraaaaaaaanjas, pomeeeeeeelos, peeeeeeeeeeras, manzaaaaaaaanas! ¡La mejor fruta del mercaaaaaaaado!
¡Chuletas de cordeeeeeeero! ¡Tengos las mejores chuletiiiiiiiiiiiiiillas! ¡Auténtico cordero lechallllllllll! ¡El más tieeeeeeeerno, riiiiiiiiiiiico y sabroooooooooso! ¡Cooooooompren, cooooooompren!

Lectura en voz alta

- **Lee en voz alta el texto siguiente cambiando el número por la palabra correspondiente escrita a la izquierda. Prepáralo antes.**

1 terrible 2 policías 3 teléfono 4 conversación 5 caer 6 marcharse 7 heridas 8 modo 9 gente 10 complejo 11 sufrido 12 segundos	En aquel momento, de 8 repentino, una enorme bola de fuego apareció en el horizonte. Dos 12 más tarde, un impactante estallido golpeó nuestros tímpanos, y una onda expansiva nos hizo 5 al suelo. Se había producido una 1 explosión en una fábrica cercana. Debido a la onda expansiva, algunas personas del aeropuerto habían resultado 7. Por suerte, un rápido vistazo me bastó para confirmar que la 9 de mi alrededor se encontraba bien. Apenas habíamos 11 alguna que otra magulladura por la caída. Odín Black se repuso rápidamente y realizó una llamada con su 3 interactivo –una ligera lámina de grafito flexible–. Al término de su 4 se dirigió a los habitantes de La Salvación con expresión preocupada. —¡Deben 6 ! ¡Ahora! ¡Un grupo de guardianes les acompañará hasta su 10 residencial! Advertí que «guardianes» era como llamaban a los 2 en Capital Federal.

AUTOEVALUACIÓN **Me adelanto al texto antes de pronunciarlo:**

☐ Siempre. ☐ A veces. ☐ Nunca.

- **Lee estas frases que se van ampliando sin respirar, hasta el final. Puedes leerlas cada vez más rápido, pero ten en cuenta que tu público debe entenderte.**

Los árboles del bosque.
Los verdes árboles del bosque.
Los verdes y frondosos árboles del bosque.
Los verdes y frondosos árboles del bosque de abetos.
Los verdes y frondosos árboles del bosque de abetos reales.
Los verdes y frondosos árboles del bosque de abetos reales de la colina.
Los verdes y frondosos árboles del bosque de abetos reales de la colina elevada.

AUTOEVALUACIÓN **¿Tu velocidad es la adecuada para que tu mensaje llegue con claridad a todos los que te escuchan?:**

☐ Siempre. ☐ A veces. ☐ Nunca.

- **Lee en voz alta como si fueras un presentador de televisión, que está dando la noticia. Cuando encuentres el micrófono ( ), levanta los ojos.**

El potente sonido de los motores de despegue cesó bruscamente. La nave quedó varada en la inmensidad del espacio y un murmullo de voces nerviosas recorrió los pasillos del trasbordador. Mis manos agarraron con fuerza los reposabrazos del asiento e intenté controlar el brote de pánico. Mi padre, sentado a escasos metros, se percató del temblor de mis piernas. «Tranquilo, Saturno, no hay ningún problema —aclaró con expresión relajada—. Hemos dejado atrás la fuerza gravitacional de Alfa 21, y nos preparamos para la fase interestelar». Mamá siempre me decía que había heredado algunos de los rasgos de mi padre: sus ojos grandes y acaramelados, su nariz chata, su pelo oscuro... Durante años, mi padre había pilotado las naves Nautilus-C y Magallanes 4 en La Salvación; la ciudad espacial que había sido nuestro hogar hasta hoy. Y sus palabras consiguieron calmar mis nervios.

AUTOEVALUACIÓN Dirijo la mirada al auditorio:

- [ ] En varias ocasiones.
- [ ] ¡Glup!
- [ ] ¡Nunca!

- **Lee el poema titulado *Las moscas,* de Antonio Machado y declámalo después, dándole la expresividad correspondiente.**

Vosotras, las familiares
inevitables golosas,
vosotras, moscas vulgares
me evocáis todas las cosas.
¡Oh, viejas moscas voraces
como abejas en abril,
viejas moscas pertinaces
sobre mi calva infantil!
Moscas de todas las horas
de infancia y adolescencia,
de mi juventud dorada;
de esta segunda inocencia,
que da en no creer en nada,
en nada.

¡Moscas del primer hastío
en el salón familiar,
las claras tardes de estío
en que yo empecé a soñar!
Y en la aborrecida escuela
raudas moscas divertidas,
perseguidas, perseguidas
por amor de lo que vuela.
Yo sé que os habéis posado
sobre el juguete encantado,
sobre el librote cerrado,
sobre la carta de amor,
sobre los párpados yertos
de los muertos.

Inevitables golosas,
que ni labráis como abejas,
ni brilláis cual mariposas;
pequeñitas, revoltosas,
vosotras, amigas viejas,
me evocáis todas las cosas.

AUTOEVALUACIÓN Valora tu entonación en la lectura:

- [ ] Muy buena.
- [ ] Buena.
- [ ] Suficiente.
- [ ] ¡Tengo que mejorar!

Escucha y comprende

Presta mucha atención a lo que va a leer tu profesor o profesora. Luego responde a las preguntas sobre lo que has escuchado. Señala la respuesta correcta.

1. **Además de los delfines, ¿de qué otros mamíferos acuáticos se habla en el texto?**
   a. Calamares.
   b. Ballenas.
   c. Peces.
2. **¿A qué familia de animales pertenecen los delfines?**
   a. Son peces.
   b. Son animales acuáticos.
   c. Son cetáceos.
3. **El texto dice que la mayoría de los delfines viven en el mar, pero nombra otro hábitat. ¿Cuál?**
   a. Río.
   b. Pantano.
   c. Lago.
4. **¿De qué se alimentan los delfines?**
   a. De plancton.
   b. De cetáceos.
   c. De pequeños peces y cangrejos.
5. **¿Cómo viven los delfines?**
   a. Son animales solitarios.
   b. Viven en pareja.
   c. Viven en grupo.
6. **Los delfines de río tienen dientes...**
   a. más fuertes que los delfines marinos.
   b. igual de fuertes que los delfines marinos.
   c. no tienen dientes.
7. **Los delfines nacen...**
   a. de huevos como todos los peces.
   b. del vientre de la madre.
   c. del vientre de la madre si son marinos y de huevos si son delfines de río.
8. **¿Cómo respiran los cetáceos?**
   a. Por branquias.
   b. Por pulmones.
   c. Por la piel.
9. **¿Quién o quiénes contribuyen más a la desaparición del delfín del río Yangtsé?**
   a. Otros delfines.
   b. Otros peces.
   c. La especie humana.
10. **¿Cómo es este tipo de texto?**
   a. Narrativo.
   b. Poético.
   c. Informativo.

Cómo continúa la historia

- Al parecer, las aguas empiezan a volver a su cauce. Los perversos están encarcelados y el Muro se desmantela. Los habitantes vuelven a sus lugares de origen. Pero quedan algunos cabos sueltos: ¿Qué pasaría si todos los habitantes del Sur quisieran vivir en el Norte? ¿Cómo se regenerarían las condiciones de vida en las zonas devastadas? Y los protagonistas, ¿qué será de sus vidas futuras? ¿Imaginas a qué se podrán dedicar?
  Escribe tú un final que contemple todos estos interrogantes o, al menos, algunos de ellos. Incluso otros que se te puedan ocurrir.

Dirección del proyecto editorial
Jesús Hinojal

Autores
Equipo de Lectura Eficaz

Coordinación del proyecto editorial
Estrella Marinas
Coordinación de edición
Pilar Esteban
Coordinación de preimpresión
Alberto García

Coordinación de diseño
Cristóbal Gutiérrez
Diseño de interior
Paco Sánchez

Ilustración
Alberto Pieruz
Fotografía
Shutterstock

Las actividades de este cuaderno, que se basan en el libro *Rumbo a la Tierra,* de Pedro Ruiz García, publicado por Grupo Editorial Bruño en su colección «Altamar», número 223, están elaboradas de acuerdo con los criterios psicopedagógicos y los requerimientos del Proyecto Editorial de **Juegos de Lectura - Lectura Eficaz**.

La denominación **Juegos de Lectura - Lectura Eficaz** (distintivo con gráfico) está registrada a nombre de Grupo Editorial Bruño, S. L. (marca M1567099).

ISBN: 978-84-696-1531-7
Depósito legal: M-4246-2017
Printed in Spain